叢書・ウニベルシタス　1139

イメージは殺すことができるか

マリ=ジョゼ・モンザン
澤田　直／黒木秀房 訳

法政大学出版局

Marie-José MONDZAIN
L'IMAGE PEUT-ELLE TUER ?

目次

西暦二〇〇〇年《ミレニアム》は地球規模の祝祭ムードで迎えられたが、それは世界がキリスト教的なものを受け入れたことを示している。この日、地球全体は何を祝ったのだろうか。キリスト教的西洋が暦《カレンダー》に関する覇権争いに勝利したことを祝ったのだろうか。ある意味ではそうだ。だが、宗教とは無関係に、世界がこのとき讃えたものが何だったのかを特定する必要があるだろう。それは新たな時代、イメージの時代の到来である。いわば同語反復《トートロジー》的な作為によって、人々は画面上《スクリーン》で世界中の歓喜に立ち会うことができた。国境を越えて感情を分かち合うことは、全世界の教会一致促進運動をめざすキリスト教のエキュメニズムを思わせる。何世紀にもわたってイメージは勝利を重ねてきたし、見えるものとスペクタクルによるきわめて正当な支配を、誰もが言祝いできたのだ。というのも、キリスト教が革命的であるのは、イメージをみずからの権力の象徴と、みずからのあらゆる征服の道具にした、最初にして唯一の一神教的教義だからである。この教えから、東西のあらゆる権力者は、可視性を支配し、まなざしを取り締まる者こそが王国の主となることを学んだ。この啓示によって書物は価値を失った。父なる神の受肉と復活をイメージとして直接的かつ可視的に賛美することと比べると、書物は非力で緩慢だと人々は言い放ったからだ。それ以来、まさにイメージによって、人々は信じ、学び、知らせ、伝えるようになった。摸造《シミュラークル》に対する恐怖は模倣の崇拝に取って代わられた。イコン支配《イコノクラシー》とでも名づけうる体制が敷かれた。だが、祝祭は束の間のものに過ぎなかった。大地震が控えていたからだ。

二〇〇一年九月一一日、未曾有の衝撃が可視性の帝国を襲った。経済とそのイコンが結びついた権力のあらゆる現代的形態のしもべである帝国を。天空から降りてきた皆殺しの天使にも似た飛行機が二機、支配の象徴である二つのタワーを崩落させた。それは生身の犠牲者をともなったまぎれもなくリアルな犯罪であり、独裁者たちが犯してきた最も凄惨な殺戮の恐怖に匹敵した。だが、それは同じ瞬間に、ヴィジュアルなものとして映し出された。そこでは、見えるものと見えないもの、現実とフィクション、現実の悲嘆と象徴《エンブレム》の抗いがたい魅力がない交ぜになった。敵は恐るべきスペクタクルを準備していたことになる。ある意味では、多くの人間を殺害し、二つのタワーを破壊することで連中は死のイメージによって、イメージの死という史上初のスペクタクルをわれわれに示したのだ。予見できないことは、形象化できないことにつながるから、できるだけ早く死体を埋葬し、勝利と復活の演説を行わざるをえなかった。アメリカ合衆国大統領はイメージ断ちを通達した。つまり、画面上《スクリーン》で死者を映すことを禁じ、テレビ番組と映画からそれらを取り除き、闘いを見えないものにしたのである。見えるものは危機に陥った。テロリストがマキャヴェリ的策略を思いついたのは、彼らが非イコン的な文化に属していたからである。事件の数ヶ月前にはバーミヤンの偶像を破壊し、彼らの敵である西洋の偶像崇拝に向けて一つのスペクタクルを手向けた。このスペクタクルによって、〔イメージという〕西洋自身の象徴《エンブレム》を通じて西洋の脆弱性が示され、さらには見えない敵対者がみずからのイメージを、キリスト教の救世主にも似た贖罪のイコンとして広めることになったのだ。恐怖《テロル》は、いわば政治的詭弁から生み出されたのだが、それは攻撃装置の奇妙な倒錯性を繰り広げた。偶像破壊主義者である犯人は、みずからが破壊する世界のことを完璧に理解した上で、その世界に全面的に合致する形で事を行ったのだ。敵の鋳型に入りこむことで、相手が消滅せざるをえなくなる、あるいは、新たな権力の配置のなかで再構成せざるをえなくするよう仕向けたのだ。これは危機であり、戦争が始まった。殺戮の首謀者は目に見えぬまま潜行を続けたので、攻撃を受けた側は復讐のための新たな視覚表現を探すことになった。

まさにそのとき、ハリウッドの大惨事《カタストロフ》映画の映像がこのような犯罪を予示していた、いや、それどころかインスピレーションを与えたのではないか、という声が聞こえてきた。こうして、イメージは被告席に座らされた。人を犯罪者にすると告発されたのだ。広報の「マネージャー」は、映画の暴力を検閲し、番組を修正することに決めた。これは、アメリカがみずからの被った攻撃に対する責任を漠然と感じた唯一の領域だった(ただし、残念ながらそれは唯一の領域ではない)。この悲劇の原因分析はいつかきちんとなさねばならないが、いずれにせよ、責任の所在はイメージの問題ではありえないはずだ。そのような釈明に終始するならば、キリスト教VSイスラム教、西洋VS東洋、両立不可能な文明間の衝突といった、テロリズムが弄する殺人正当化の詭弁から脱け出せなくなる。そうして、イメージの体制はつねに他者の死をともなう、と結論づけることになろう。

本書は、説明ではなく、理解を試みるものだ。イメージとは何か、それは暴力といかなる関係にあるのか、イメージは今日でも犯罪的でない社会に自由を提供することができるのか、などについてである。したがって、もっぱらイメージが問われることになるが、それはイメージが他のものに取って代わってその役割を担うということを理解するためである。だがさらに、ここでいうイメージが何を意味するかを明確にしておく必要がある。本書の考察は三つの段階からなる。受肉(incarnation)、一体化(incorporation)、化身(personnification)である。それぞれ、見えるものとの関係におけるイメージの分析、画面上での特殊な現出における見えるものの分析、観客に対してつくられた場との関係のなかで画面上に現れる身体の分析である。たしかに9・11で世界貿易センタービルは破壊されたが、この出来事によって戦争のコミュニケーションの新たな体制が始まった。戦争そのもの、そして戦争にともなう各人の死が、一つのパフォーマンスとなったのだ。三つの段階を経る本書の行程によって、暴力に関する問いが論じ尽くされるわけではないが、見えるものの暴力について、内容からではなくその仕組みから捉えることを試みたい。見えないものとの共同的な関係において、私たちは一つの空間をどのように分かち合うことができるのか。

I　イメージの暴力的な歴史

　今日、イメージのうちに身体や精神に作用する権力装置を見ようとしない者はほとんどいないだろう。キリスト教が君臨した二千年もの間、イメージは人を解放しその罪を購う力だと考えられてきたが、今では人を疎外し支配するための戦略的装置だと疑われている。こうして、現実の殺人がスクリーン上のフィクションにそのモデルを見出したと思われ、イメージは「犯罪を唆《そそのか》すもの」呼ばわりされることになる。犯人はイメージに責任をなすりつける。だが、有罪なのは誰なのか。殺人を犯した者か、それともイメージをつくり広めた者か、どちらだろう。有罪や責任といった言葉は、人にしか適用されず、事物にはけっして適用されない。そして、イメージは事物のなかの事物なのである。だとすれば、この奇妙なレトリックを捨てるべきだろう。イメージは事物のなかでも特別な地位にある、というのもイメージは謎めいた仕方で事物であると同時に非‐事物でもあるからだという説明もあるが、だからといってイメージが人であるとまで言えるだろうか。事物かつ非‐事物であることによって、イメージは特別な非現実に転換されるが、だからといって責任が増すことにはならないだろう。それでも、おそらくこのように、感覚可能な現実とフィクション的操作のうちでイメージについて検討するべきだろう。イメージとは事物と夢想の中間に位置し、間的世界ないしは準‐世界のうちにあるのだが、おそらくまさにそのような空間において、私たちが隷属していたり、自由であったりする、ということを認めなければならない。このような発想のもとで思考することによってこそ、イメージが取るに足らないものでありながら権力をもつというパラドックスについて探究することができる。イメージという些細なものを自由という最大級の争点にするこの奇妙な状態を理解するためには、イメージの歴史を、それを生み出した人間の言葉と身振りのうちで簡単に辿りなおしてみる必要がある。というのも、イメージは人間の身振りや単語を通してしか存在しないのであり、それらがイメージに存在を与えたり、イメージを構成したりすると同時に、存在を与えなかったり、破壊したりもするからである。何かを示すという欲望は、何かを行う必然性をもたらすとしても、何かをさせるという欲望は必ずしももたらしはしない。実際、アリストテレスはそれとは反対に、暴力の光景《スペクタクル》はそれを実際の行為に移すことを押しとどめると考えはしなかっただろうか。だとすれば、事情は変わってしまったのだろうか。

いまから千年以上も昔に、西洋史上で最初にイメージを哲学と政治の争点としたのは、イメージを考察したキリスト教思想家たちであった。イメージはその後、禁止されたり、賞賛されたりと、評価は二転三転するが、いつでも同じくらい暴力的な仕方で争点となっていたのであり、はじめから情念《パッション》＝受苦の争点であった。その意味で、見えるものがもつこの両義性は、新しいものではまるでない。というのも、なんらかの非物質性が物質的に現れる場合には、このような事態をとるからである。これこそが受肉の意味である。受肉によってあるイメージに肉体や身体が与えられる一方で、神のモデルの不可視性に導く力が付与された。受肉によってイメージの新たな定義がギリシア・ラテン文化のなかに加わり、共有されるあらゆる可視性のイコンの母型となった。共通世界が作られ、見えないものと見えるものの連結・並行を管理するものとして文化を規定した。人々はイメージに熱中した。父の似姿《イメージ》の生、つまりキリストの生を〈受苦《パッション》〉という言葉で示すことは、イコンが問題にしている争点と完全に合致している。キリストの〈受苦〉、つまり似姿《イメージ》の〈受苦〉が、〈受苦〉のイメージにおいて演じられたからである。それは闇の中を横断して最終的な勝利に至ることである。受肉の物語はイメージそのものの伝説なのだ。しかし、今日ではそこに、奇妙な不安が付け加えられた。すなわち、イメージの力が私たちをしてそれを真似るよう仕向けるのではないか、そしてイメージの語る内容は使役する［するようにさせる］ことで直接に暴力をふるうのではないか、という不安である。イメージは、かつては見せるものとして非難されたが、いまや行動させることを咎められるのだ。一見すると新たな問題のように思われるこの事柄が、二千年も前の問いに根源を秘めているのは、以下の二つの理由による。一つは、次の単純な事実確認に関わる。すなわち、私たちの社会は可視性のスペクタクルの増大によって支配されており、そのために動機なしの暴力行為が増大し続けていると言われる。仮にこの最初の事実確認が受け入れられるとしても、原因と結果の結びつきはまったく疑わしいし、調査や統計が示すいかなる実際のデータにも基づくものではない。のみならず、後に詳述する重要な事実がある。それは「可視性」の増大膨張《インフレーション》が、イメージの増大膨張をまったく意味しないということだ。

現在のイメージに対する恐怖の二番目の理由は、こちらがおそらく本当の理由だが、ヴィジュアル産業がそれ自体一つの市場となったことに由来する。財政上の賭金があまりにも大きく、また暴力の映像があまりによく売れて大きな利益をもたらすために、議論がずらされてしまい、もはや経済的な利益と倫理的懸念との間に生じる矛盾した緊張といったものでしかなくなってしまうのだ。こうして、イメージとは何か、暴力というものの本性は何かに関心が向けられるのではなく、暴力とイメージの因果関係はいまや明白であり疑いえないものなのだから、この問題は一度に、法的手段を介して道徳的かつ財政的に解決しなければならないと思い込んでしまうのだ。

イメージが自由であること、それが相対的には無害であること、それがもつきわめて豊饒な非現実性などが、イメージをどのように用い、配給するかという財政的な問題の背後に消えてしまう。だが、イメージが何であるのかをまず考察しなければ、イメージの暴力と暴力のイメージを問うことはできないだろう。写真に関する統制条例をめぐる議論は、イメージへの権利に関するものだとされたが、じつは真の問題のカリカチュアにすぎない。というのも、何の問題なのか、どんなイメージが問題であるか、イメージとは多少とも所有や権利と関係するのかといったことを考慮することもなく、イメージの抑制を決めたからだ。ここでは「イメージへの権利」という表現は、まったくの混乱のうちに用いられ、無実な者や犠牲者を擁護するという口実のもと、新たな市場の創設を覆い隠しているにすぎない。イメージを勝手に撮ってはならない、イメージの所有者には支払いがなされるべきだ、というわけだ。

イメージは、検証可能な事物として現れる。この事物は言説を引き起こすことがありうるし、なんらかの知によって支持される可能性もある。イメージに客体《オブジェ》というステータスを与えることはかなり問題含みではあるが、それでもイメージは感覚可能な現実として現れ、まなざしと認識に対して同時に差し出されるのだ。それに対して、暴力は事物ではない。辞書の定義によれば、暴力とは力の濫用である。暴力とは過剰であり、そのため、この状態に関する言説は知ではなく判断として構成され、ある権利状態を前提としている。この権利状態を構成するのは規範およびその侵犯を判断する基準となる法である。この判断が下されるのはエネルギーの使い方についてであり、その氾濫が批判されるのだ。要するに、暴力とは過剰ないしは不正に使われた力のことである。過剰が否定的な効果だと認定されるのは、それが各人の生命と自由という、共同体を基礎づける二つの原則を損なうときである。つまり、暴力は主体《スュジェ》の存在《エグジスタンス》と関わるのだ。

ところで、イメージがその権力を乱用することがありうると疑うのは、人がイメージを主体と考えているためだ。こうして意味の横滑りと誤解が始まる。じつは、私たちの誰もが、力としての暴力と共謀し、関係をもち、慣れ親しんでいるのであり、こういった共謀、関係、親密性などは、生そのものの定義とも無縁ではない。力なき平和は死に等しく、生の力は暴力の備蓄《リザーヴ》の上に成り立っている。なぜ備蓄なのかと言えば、それが源泉であると同時に退隠してもいるためだ。別の言い方をすれば、暴力的でありうるという点にこそ、暴力的でない力を探る必要があるということだ。つまり、暴力とは行為であるかどうか以前に、可能態としての力ということになるだろう。明らかなことは、あらゆる生命体は、みずからのうちに宿るさまざまな力の間にある複雑でしばしば矛盾したエコノミーの結果によってのみ生存を続けることができるのであり、それらの力は生命体を脅かす力であると同時に維持する力でもあるということだ。その意味で私たちを動かす運動の力は、判断に委ねられる前に、実感される経験の次元にある。共存空間においては、暴力はただちに駆け引きの対象となる。暴力をなくすべきか、そもそもそれは可能なのか、むしろ、共同体のただ中における暴力の変貌の条件について検討すべきではないのか。媒介なしにむき出しの形で現れる暴力は、力の現れであることはけっしてなく、むしろ弱さの現れである。このような暴力は破壊的であり、同時に二つのものを排除する。すなわち、暴力を行使する者とその犠牲者である。それは、ときに自殺や殺人にまで至る。それとは異なる、別の暴力が存在する。融合の暴力である。その場合、主体は〈全体〉が行使する統一化の渦のうちに飲み込まれ、消え去る。いずれの暴力の場合も、虚無化と死が約束されている。

だとすれば、ビジュアル作品が殺人的な情念＝受苦や融合による消失を引き起こすのは何においてなのかを知ることが問題となるだろう。見えるものは、欲望の暴力が大量に発生することに加担するのだろうか、それとも、象徴的な処理《トリートメント》＝治療に資するのだろうか。別の言い方をすれば、イメージとは言葉によっては媒介されえない潜勢力なのか、それとも反対に、イメージのうちでは何よりも諸々の欲望の共存が図られるのか。いったいどちらなのか。見えるものがわれわれの情動に影響を与えるのは、欲望がもつ潜勢力と関わるからであり、愛すること、憎むことの手段を見つけるように命じるからである。あらゆる可視性は、精神と身体がこれらの暴力に対して構成的なり破壊的なりの関係をもたせるように仕向ける。それこそがまさに、アリストテレスが悲劇というスペクタクルを、パッション的暴力を象徴的に処理＝治癒するプログラムのうちに数え入れたときに考えたことである。殺人の欲望と死の恐怖は、死者たちと、われわれ潜在的な殺人者とが共存することがありえない社会空間の構築という企てを反故にしてしまいかねない。物を見させ、言葉《パロール》を聞かせることが、みずからの欲望や恐怖と格闘する主体たちが共存するための唯一の手段だとアリストテレスは考えていたようだ。ただし、アリストテレスはテキストと寓話を特権視し、スペクタクルの象徴的な力のほうは疑っていたふしがある。彼は見えるものに関してはためらったのだ。一方、今日の私たちは、情念＝受苦に関する見えるものの強い影響力や、それが共同体において、したがって政治的に機能していることについては疑いをもたない。私たちの役目は、どこで、どのようにして、イメージの暴力が共生に必要な力を生むのかを知ることにある。実際、同一の主体《スュジェ》＝主題が自由を侵害する形なり、自由を構成する形なりで、姿を現すことがある。徳のイメージや美のイメージが暴力を生み出すこともあるだろう。これこそが、ナチスの作った映画の場合だ。アーリア人の完全性が賛美され、他者に対する憎しみのうちで万人を融合させることが支持されていた。言葉《パロール》なき可視性は、騒々しい言説によって神経を支配されていたのだ。

あるイメージが暴力的だと言うとき、想定されているのは、イメージが主体に直接作用する、つまり、いかなる言語的媒介も経ずに作用しうるということだ。つまり、われわれは象徴的な製作物の領域を離れ、ほとんど催眠的な影響や現実の喪失や集団的幻覚、私的妄想といった、より捉えがたい領域に移行することになる。だとすれば、問題はイメージによって伝達された運動であって、具象的な内容ではない。したがって、いまや、可視的な製作物に関して、二つのものを区別する必要がある。一つは破壊や融合の欲動に訴えかけるもの、もう一つは共同体や個人を死に至らしめる圧力から、見る者を解放する役目を担うものである。

以上の問いを省略してしまうなら、イメージはみずから犯した罪ではなく、教唆した罪に関する責任を負わされ続けることになろう。別の言い方をすれば、理性と道徳の法廷において、イメージはみずからが犯していない犯罪の容疑者とされるのだ。ただし、犯罪を犯した人々が、イメージのせいで、自由に判断し行動する能力を本当に失ったというならば話は別である。つまり、判断とその自由こそが問題である。それこそが、イメージの検閲に関する考察の主要な問題点なのだ。

イメージが人を受動的にすると想定したうえで、どのようにしてある行為を犯すよう仕向けることができるのか。反対に、人がイメージを受動的に受け取るのではないと仮定するならば、行動の起源はイメージではなくなり、自由に行動できる主体である限りの私自身となる。この場合、犯罪は、イメージによってではなく、犯罪を遂行したその手によって犯されたことになる。この矛盾、この混乱から抜け出す唯一の方法は、イメージ、その力、過剰さを方法論的に研究し、主体に関する問いを提起することである。この作業によってのみ、人が見るものと人が行うことの関係に関して結論を引き出すことができるだろう。それはある意味で、イメージのパフォーマティヴな性格に関して考究することと言ってもよいだろう。ただし、そこで問われるのは、イメージが何をするかではなく、何をさせるかである、という重要な違いがある点に留意する必要がある。

イメージは殺すことができるのか。イメージは人を殺人者にすることができるのか。イメージにリアリティを与え、客体であるイメージが犯しえなかった犯罪や違法行為に対する罪や責任を問うことはできるのだろうか。客体であるイメージには、身体も、手も、意思もないのに、魔術的な影響力として作用することが可能だろうか。オオカミの物語を聞くことによって、私たちは悪夢のうちに巣食う名状しがたい恐怖や幻想に形を与え、それを乗り越えることができた。一方、徳と愛国心についての教訓的寓話は、愛国的で徳に満ちた世界を生み出しただろうか。ピカソがドラ・マールの顔を歪曲して描いたことで、人は愛する者をめったぎりにしただろうか。そんなことはないだろう。だとすれば、なぜある種のイメージは他のものよりも抗いがたく特権的な役割を演じるのだろうか。見ることとの恐れと喜びを表すこれらのイコンが、模倣を誘うことはまったくない。つまり、問題はイメージの内在的本性に関わるのであって、物語る内容や参照される内容なのではない。暴力の物語をイメージから完全に切り離すことができるのは、イメージのうちで演じられている事柄を批評的判断や言葉《パロール》の運命から切り離し、つまりは事物との出会のなかで私たちの身体や思考の場に関わるものから切り離す限りにおいてである。われわれの欲望の構成に効果をもたらすのは言葉だけであり、そのことはとりわけ視覚世界においてあてはまる。だが、視覚世界では語る存在は言葉を失ってしまうと私たちは思いがちなのだ。だが、思いがちなだけなのだろうか。むしろ、これは隷属化の戦略ではないのか。イメージの見かけの沈黙が、私たちを黙らせる理由はまったくない。一般論としてイメージが私たちの口を塞ぐ理由は何もないのだ。椅子があるからといって、必ず座ると決まっているわけでないのと同じだ。つまり、見えるものは、それだけで命令を与えるわけではない。では一体誰が命令を与えるのか。どうしたら祈禱台は人に跪づくよう命令できるのか。

イメージの力とはいったい何か。イメージの暴力を信じる人々から学べることは何だろうか。まずは魔術的と言われるイメージの使用について検討してみよう。魔術という言葉はしばしばあらゆるものに適用され、二〇世紀初頭の人類学者たちは自分たちと異なる因果関係に出会うとすぐさまこの語に頼ったものだ。フェティッシュという言葉の場合も同じような濫用が見られ、特別に効果をもたらす代理物の製造は何であれこの名で呼ばれた。ここで問題になっているのは、ある種の文化のなかで実践されている、効果のある事物を介して現実に作用するさまざまな想像的装置のことである。それは転位の象徴的操作においてなされる。つまり、イメージや複製や代理物によって、力関係が打ち立てられるのだ。これらのイメージには力があるが、それに対して応答する力も存在する。というのも、最初の力をかわして無効にする対抗力、対抗イメージを生み出すことがいつでも可能だからである。

エチオピアのマジックスクロールを例に取り上げよう。この巻物は、アニミズム信仰も同時に持ち続けていたキリスト教徒の住民が用いていたもので、供犠的で具象的な儀式を通じて、このスクロールによって病を治癒できるとされていた。病は悪魔的精神の憑依だと考えられていた。この治癒のためのスクロールは、供犠にされた動物の革で作られており、文字と図像が記されている。内容は、秘密の言語で書かれた祈禱、懇願、呪いの言葉と、聖人、天使、大天使、象徴的な図像のうちに捉えられた悪魔とが交互に記されている。これらの文字と図像が病苦と結びつき、取り憑かれた者は悪魔から解放されるというわけだ。図像の中心的テーマは、目の形象、より正確に言えば、まなざしである。この悪魔払いは次のように働く。病人は、取り憑いている悪魔に悪魔自身のイメージを提示する。まさに自分が映っている耐え難い光景を見て、悪霊は怯えて逃げ出し、病人は病苦から解放される。したがって、病人の身体を救い出すのは、その病苦（悪）がイコンとして受肉したものである。イメージが殺すという考えは、模倣《シミュレーション》、摸造《シミュラークル》、呪文が混ざり合っている民衆の発想や神話に多く見られる。病苦（悪）の耐えがたいイメージは、あらゆる古代文明のなかで繰り返し現れるテーマである。たとえば、〔見られた者を石に変えてしまう〕メデューサのまなざし、ペルセウスがメデューサを倒すために使った鏡、ナルキッソスが自分のイメージと融合して死に至ることなどである。ナルキッソスの話は、映ったものがもつ、人を殺す暴力性を物語っている。これらの神話や伝説はどれも同じことを示している。イメージは私たちをまなざすことがあり、さらには飲み込むことすらあるということだ。以上のようなあらゆる信仰や製作物の装置は、同一化の原則に基づいている。見ているものと一体になってしまうと死に至るのだ。それに対して、救いは、つねに解放をもたらす隔たりを生むことによる。生きること、治癒すること、それはあらゆる融合から離れること、そして病苦＝悪《マル》をそれ自身の罠で、つまり同一化の罠で捕らえることだ。イメージの暴力が爆発するのは、イメージによって具象化不可能なものが見えるものに同一化するときである。言い換えれば、イメージは非類似性、つまり目に見えるものとまなざしの主体との隔たりのなかでのみ成立するのだ。しかし、この隔たりそのものは可視的だろうか。仮にそうであれば、それはもはや隔たりではないだろう。したがって、見ることとの行為のなかに見えない「振舞い」があるのであって、この振舞いが見ることとの隔たりを構成するのだ。おそらく、それは声によって確立されると思われる。

　イメージの力の本質を理解するためには、イメージがつねに何かについてのイメージであるということだけでなく、イメージが表している元の事物はイメージそのものとは実質的に異なるということを押さえておく必要がある。あらゆるイメージは別のもののイメージである。自画像でさえそうなのだ。この隔たりは、象徴作用による隔たりであり、実質的で運命的な現前に組み込まれることとの間に乗り越えがたい深淵をうがつ。ギリシャの異教徒は、この点においては、聖書にもとづく一神教〔ユダヤ教、キリスト教〕およびイスラム教の一神教と同じ考えである。それらはいずれも以下の確信を出発点としている。すなわち、ある種の直接的な対面は人を殺すことがあること、そして形象化するには供犠が、同一化させる現前の喪失が必要であるということだ。先のエチオピアの病人が治癒したのは、悪魔払いの操作において、イメージの自己同一化のプロセスを反転させたからである。これこそ他ならぬキリストの供犠において起こったことだ。実際、形象化できない〈父〉の、目に見えるイメージである者〔キリスト〕が、それとは似ても似つかぬもの、つまり死者になることによって、救済をもたらす様態に関するあらゆるイメージが可能になったのだ。しかし、見えるものと見えないものをつなぐのは同音異義〔別のものに同じ名前がつけられること〕によってである。見られたものに声が与える名は、同じ一本の線で、見えるままのものと、まなざしには見えない形で提示されるものとを指し示すのである。

見えるものにおける情念《パッション》＝受苦と声とを管理することが、共同体の構築には必要であり、まさにその管理こそが真の問題であることを、キリスト教思想はいまから千年前に認識していた。キリスト教思想は最初にイメージの正統性を確立したのだが、それはイメージから死をもたらす融合的な力を除去することによってだけではなく、イメージに救済の力、さらには贖いの力を与えることによってであった。イメージが目に見えるようになり、対面が死をもたらすものでなくなっただけではない。イメージは闇の浄化を行うものにもなったのだ。われわれのあらゆる情念＝受苦の暴力を鎮めるのは、もはや古代ギリシャでのように悲劇的な言葉《パロール》ではなく、イメージなのだ。イメージのみが受肉しうるという考え、それこそがキリスト教思想の主たる寄与である。イメージは数ある記号《シーニュ》の一つではなく、特別な力をもつ。つまり、形態、空間、身体を見えるようにし、舞台上にのせる〔演出する〕力であり、こうしてそれらをまなざしに提示するのだ。キリストの受肉とは、神の顔が見えるものへと到来することにほかならない。だからこそ、受肉とは形象化できないものがイメージになることなのである。これが受肉すること、つまり、イメージになること、さらに正確に言えば、情念《パッション》=受苦のイメージになることである。だが、あらゆるイメージが、その形態と内容とは無関係に、こうした鎮静の力をもつのだろうか。もちろん、そうではない。この点にこそ留意しなければならない。暴力を批判的な自由へと変形する力をもつ唯一のイメージは、受肉するイメージである。受肉とは、模倣でも、複製でも、偽装でもない。キリスト教の救世主《メシア》は神のクローンではない。新たな実在を作り出して、偶像崇拝者の眼に供することでもない。イメージとは本質的に非現実的である。この点にこそイメージの力はある。つまり、内容に実体を与えることに対する抵抗においてである。受肉とは肉を与えることであって、身体を与えることではない。受肉においては物は不在なのだ。イメージは肉、つまり肉化（carnation）と可視性を不在に対して与えるが、そこには指示対象との乗り越え難い隔たりがある。それに対して、身体を与えることは一体化《アンコルポラシオン》することであり、現実的で真なる何かを摂取可能な実体として食す者に差し出すことだ。食す者は同一と見なされた身体のうちに溶け、消えることになる。イメージのうちで、またイメージによって思いを合一〔聖体拝領〕することは、実体も真理ももたない可視性の受肉をしくじることになる。一体化の場合、人は文字通り一つになる。それに対して、受肉したイメージの場合、三つの不可分の審級、すなわち、見えるもの、見えないもの、そして、その二つを関係づけるまなざしがある。イメージとは、第三項を排除するのではなく含有する、いわば「含中」という奇妙な論理である。*1

この問題に関して教会制度が与えてくれる教訓は、教会が二つのことを同時に実践してきたがためにきわめて貴重である。一方で教会は受肉の操作を行ない、これは、イメージに生と自由を再び与えた。他方で、教会は力の審級としての一体化の操作を行なったが、こちらは身体と精神を暴力のうちで捉え、服従させようとした。融合装置たる典礼は、聖餐の儀式からなる。この儀式において、まなざしにではなく聖体の拝領〔咀嚼〕に対して提示されるものは、神の現実的な実体であり、神のイメージではない。この儀式に参加する者は、こうして制度の身体〔組織 corps〕の一員《メンバー》〔四肢〕となる。食されるものは神のイメージではなく、神そのものである。聖体拝領《コミュニオン》＝合一とは結集《ユニオン》である。イメージの状況はそれとはまったく異なる。なぜなら、イメージは飲食できる現実的なものは一切与えることはなく、受肉するがゆえに見えない現実の、実質をもたないが見える形象《フィギュール》を構成するからだ。神のイメージにおいては神は現前していないのだが、イメージに対する関係は魔術的でも秘跡的でもない。それどころか、それは神秘なき関係であり、その価値が引き出されるのは、まなざす主体の自由からのみである。そのとき主体は、見つめられるべく提示されている事物の不在を見るも見ないも自由である。眼はあっても何も見ず、とはよく言ったものだ。したがって、見えるものにまなざしを向けるようにする呼びかけはあるのだが、見る者が見えるもののなかで見えないものに到るかどうかは本人次第なのである。以上が、キリスト教がイコンをめぐって築き上げた教説であるのに、聖像の実践はしばしばプロパガンダと広告のための霊的交流の道具となった。こうした像は、場所が変われば有罪の宣告を受けるような、実体論的な偶像崇拝の基準に対応するものである。

「最後の晩餐」[*2]には二つの解釈の仕方がある。これを一体化の儀式と捉えれば、それは制度的

＊1　排中律と訳される tiers exclu（排除される第三項）に対して、ルーマニアの哲学者ルパスコは「含中」とでも呼ぶべき tiers inclu（包含される第三項）を提唱した。これは当時勃興したばかりの量子力学の「状態の重ねあわせ」から想を得たもので、排中律の成り立たない、矛盾許容の論理である。

＊2　主の晩餐とも呼ばれる。イエス・キリストは処刑される前夜、十二使徒と共に夕食を摂ったとする記述が「マタイによる福音書」（二六）と「ルカによる福音書」（二二）にある。後者では次のように語られる。「イエスはパンを取り、感謝の祈りを唱えて、それを裂き、使徒たちに与えて言われた。「これは、あなたがたのために与えられるわたしの体である。わたしの記念としてこのように行いなさい」。食事を終えてから、杯も同じようにして言われた。「この杯は、あなたがたのために流される、わたしの血による新しい契約である」」。カトリック教会、正教会、東方諸教会などにおいて、この晩餐は名称はそれぞれ異なるが、聖体拝領などの儀式として執り行われる。「聖体」と呼ばれるのは、聖別によってパンとぶどう酒が

な身体を生み出し、受肉の記念と捉えれば、イメージは見えないものとの乗り越えがたき隔たりにおいて象徴的な代理物を与える。パンとぶどう酒は神と似るところはまったくない。言葉《パロール》は遂行的《パフォーマティヴ》であり、言葉こそが共同体へと向けて二つの制度を創設する。不在をイコンで示すという制度と、現前のうちでの交流《コミュニオン》という制度である。イコンの場合、子のペルソナ〔位階＝人格〕は、その実体とは無関係な、つまりその現実のペルソナとは無関係なイメージのうちに受肉する。彼の身体が犠牲にされたのは、不死なるイメージの支配を開始するためだ。この場合、ペルソナは化身の客体ではなく、受肉の主体であり、受肉は身体の犠牲と消失を基盤としている。聖体拝領における実体変化した身体の状況はそれとは逆に、制度としての教会への一体化の試みによって、教会体〔教会の身体〕のうちにキリストを化身させる要求を可能にするのだ。聖体拝領は主体に同一化を強制し、この同一化によって、主体はあらゆる他性から切り離され、想像上の身体の実体のうちに飲み込まれるのだが、主体はこの身体の全体であると同時に部分でもある。融合の様態に基づくイメージのあらゆる処理の基盤はまさにそこにある。一方、イコンの場合は、イエスの顕現である物質〔パンとぶどう酒〕が保証するのは実体変化ではなく、まなざしの変容だ。コミュニオン〔聖体拝領＝交流〕の場合、見えるものは帰属の契約を生み出すが、この契約は包摂と排除を発生させる。はたして、融合なしに共同体を作り出すことはできるのだろうか。ともに生きることは、一者として生きることではないのだ。

それ以来、この緊張状態において、見えるものと見えないものは危機に陥ることになる。この危機によって、教会自身は分裂を繰り返したが、教会権力に対する異議申し立てはつねにイメージと聖体拝領に関する激烈な論争をともなった。宗教改革運動は、教皇の権威に異議を申し立てる際、とりわけ文化的な可視性の偶像崇拝という形で行われる受肉の歪曲を告発したが、この可視性こそが、教会制度の一体化を基礎づけるものだった。イメージの支配が可視的な教会に全的に奉仕してきたことを確認した改革派は、見えないものの体制と聖書および神の言葉の力を復権しようとした。ところで、その同じ時代に芸術家たちはイコンの世界を展開していたが、それはイメージが自由で実質をもたないことに忠実であり、あらゆる制度的一体化に反抗するものだった。芸術は教会との関係を断ったが、見えないもののイメージ的受肉に忠実であり続けた。イメージは、偶像崇拝者にも偶像破壊者にも屈しなかった。イメージは、他のものには還元不可能であり、自身の道のりをみずから描くのであり、それを統制したり断罪したりする警察からは遠く

キリストの体と血の実体に変化するからである（聖変化）。それに対して、プロテスタントはこのような化体説を認めず、パンとぶどう酒の実体は変わらず、その実体と共にキリストの体と血の実体が現存すると考える（共在説）。モンザンがここで問題にするのは、まさにこのようなパンへのキリストの受肉、キリストの身体（corpus christi）を口にすることで生命に預かり、教会（キリストの神秘的身体）という霊的共同体に組み込まれるとされる教義である。

離れていた。

真理の顕現とは、イメージの肉のうちに言葉が受肉するということである。イメージは人間による構築物となるのであり、この構築物の価値を基礎づけるものを、見えるものの外に求めるべきではない。価値はイメージに内在しているのである。イメージにおける見えないもの、それは言葉の領域そのものである。イメージは、いかなる明証性も真理も生み出さず、人がそれに向けるまなざしが生み出すもののみを示す。イメージはみずからの可視性をイメージを作る者とまなざす者との間にできる関係のうちに期待するのだ。イメージそのものは何も示さない。仮にイメージが何かを意図的に示したとすれば、それは伝達となり、もはやみずからのイメージとしての性質を示さなくなる。つまりまなざしの期待ではなくなる。だからこそ、共同体の議論においては見えないものではなく、「見られざるもの」について、つまり意味の待機について語るほうがよい。意味の決定可能性に関するこのような状況は、イメージそのものは基本的に未決定で決定不可能であることを前提としているのだ。

信仰がまなざしに関わっていることを最初に意識したのは教父たちだった。イメージの受肉はパウロにとって謎めいた可視性だった。受肉は空虚な鏡のうちに反映の類似を演出する。なぜなら、神の実体は見えないからだ。実体的なヴィジョンはなく、眼だけによって捉えられるような意味のヴィジョンもない。対面はない、あるのは決定的な斜交だ。まなざしは機能不全に陥り、見たいと願うもの、つまり神を見ることがけっしてできない。だが、まさにそのために人間は欲し続け、イメージを生産し続ける。ここにこそイメージの力に関する問いがある。イメージは、けっして満足させることなく欲望を受肉し続けることができるし、眼を満たしきり、あらゆる自由を消滅させることができると完全に主張することもできる。したがって、イメージというものと図像類《イマジュリー》、つまり単に見えるものとを私は区別する。単数形のイメージ、特異性としてのイメージとは、それ自体は見えないままに、見えるもののうちに描き入れられているものだと考えるべきだろう。イメージの力は見ることの欲望に由来するが、見えるものの力はヴェールをかける能力、つまり、見られるものと欲望の対象の間に隔たりをつくる能力に由来する。見たいという欲望なしに、イメージはない。たとえこの欲望の対象がまなざしそれ自身にほかならないとしてもである。ここで、ラカンの言葉に立ち戻ろう。「私たちの事物との関係は、ヴィジョンによって構成され、表象の形象に整理されるようなものだが、そこでは何らかのものが滑り、移行し、ある段階から他の段階へと伝わり、ある程度までくるといつもそこで回避される。それこそがまさにまなざしと呼ばれるものだ」[1]。ここで精神分析がカッパドキアの教父のなかでも傑出していた

（1） J. Lacan, *Le Séminaire*, Livre XI : *Les Quatre Concepts fondamentaux de la psychanalyse*, chap. IX, Seuil, 1973.〔ジャック・ラカン『セミネールⅥ　精神分析の四基本概念』上、岩波文庫、一六二頁。引用箇所の訳出にあたっては、既訳を参照しつつ、文脈に応じて変更したことをお断りしておく〕

ニュッサのグレゴリオスの驚異的な直観を再発見していることには驚くべきものがある。教父はおよそ次のように述べていた。モーセが神を見たいという欲望を神に打ち明けたとき、神はみせかけで彼を満足させることを受け入れたのだが、それはモーセの欲望を持続させるためだった。というのも、神は欲せられることを必要とするからだ。けっして満たしてはならない。ニュッサのグレゴリオス〔の『モーセの生涯』〕を引用しよう。「欲望の山に登る魂の思い切った要求、それは鏡や影でけっして味わうことのできるものではなく、面と向かわなければならない。〔…〕神の声は、それが拒んだ事物によって要求されたものを、わずかな言葉で思考の深淵を示すことによって与える。というのも、仮に見える光景が見る者の欲望を止めてしまうような類いのものであったなら、神それ自身がしもべに示されることはなかっただろうからである。この点においてこそ、神の真のヴィジョンはある。つまり、神を見上げる者は神を欲することをけっしてやめないのだ(2)」。

これこそまなざしの罠だ。私がここで単数形のイメージがもつこうした不可視性の次元を強調するのは、イメージを欲望とよりよく関連づけるためである。その欲望とは見ることの欲望であり、それはあらゆるイメージにおいて永遠に欲望させ続けるものである。不可視性とは、手の届かない彼方を示しているのではまったくないし、超越やプラトン的イデアでもない。教父学の示す不可視性とは、そして現代の不可視性もまた、見ることの欲望の対象に内在する省略の不可視性である。さらに、私たちが欲望の対象となる不可視性の似姿《イメージ》であるがゆえに、その欲望によって、私たち自身のイメージがこうして無限の欲望に対する無限の欠如の対象になる。神とは、こうして私たちに似るものを見たいという欲望の名にほかならない。類似は永久にヴィジョンから逃れる。こうして神はモーセを岩の裂け目に入れ、みずからの背中を見せた。[*3] この失望させる啓示の洞穴は、転倒的な仕方で、事物の影が真の姿から目をそらさせることになるプラトンの洞窟に呼応している。キリスト教のパースペクティヴにおいて洞窟とは、見えるものの降誕場面《クレーシュ》であり、現実を超えたものに対して眼を開かせることに資する。見えないものは見えるものに住まい、それを見るためには眼ではなく、捉えたものを変容させる言葉に耳を傾けなければならない。

ところが、世俗的制度として権力を握り、それを保持しようとした教会は、あらゆる独裁者と同じように振舞い、一義的なメッセージを伝達するためのプログラム化された可視性を作り出した。図像類が一体化の操作に使われるやいなや、イメージは実体として吸収されてしまう。一体化されたものはその実体に同一化し、反駁も言葉もなしに融合されてしまう。これらのイメージ

(2) *Vie de Moïse*, II, trad. J. Daniélou, Sources chrétiennes, n° 1 *bis*, p. 257, 267.〔『ギリシア教父の神秘主義』谷隆一郎・熊田陽一郎訳、教文館〈キリスト教神秘主義著作集1〉、一九九二年、一〇六、一一一頁〕

*3 「出エジプト記」三三・二〇。

は征服に随伴し、最も怖ろしい沈黙を支配させ、最も従順に服従させつつ、あらゆる反論を封じた。これが文字を読めない者の聖書と呼ばれたものだ。それは一つの帝国を、感情を支配するみずからの帝国を築いた。要するに、それは被造物からあらゆる思考、あらゆる自由を少しずつ奪っていった。その自由は類似のおかげで創造者から受けていたと思っていたものであった。ここにこそ危機的な逆説がある。

今日私たちは視覚の帝国に従属している。この帝国が受肉の思考と一体化の戦略の間の緊張関係において暴力的な仕方で現れることは明らかだ。ここまでの考察を受け入れるならば、見えるものにおける暴力の問題は、暴力のイメージなりイメージに固有の暴力なりにではなく、見えるもののスペクタクルにおいて思考や言葉に対して振るわれる暴力に関するものだと認めることになるだろう。この角度から考察すれば、検閲をめぐる問いは偽の問題となる。良い内容のイメージと悪い内容のイメージがあるとする情念《パッション》＝受苦の専制にふたたび陥るリスクを増大させるような問いの立て方であるからだ。ならば、さまざまな独裁体制から逃れるためにあらゆるイメージを禁じる、新たな偶像破壊主義を提唱すべきだろうか。そんな提案はイメージ操作の全体を損なう禁欲の命令と化し、結果的に、それもまたあらゆる自由を消滅させてしまうだろう。ここで教父学の教えが助けとなる。言葉によるまなざしの構築を提示し、各人に識別の自由を与えてくれるからだ。だが、そこから逆に今度は、見えるものはすべて中立的であり、意味を生成するもしないも各人次第だと結論づけるべきだろうか。そうとは言えまい。というのも、すでに明らかにしてきたように、イメージの体制はその性質上、情念的であり、私たちに触れる〔触発する〕もの、触れるはずのものを中立的とは形容できないからだ。芸術の領域では、世紀を追うごとに批評的判断が生まれ、いわゆる傑作というものが定められ、集められるようになった。それらは全体として方向性の異なる作品からなるが、自由を与えること、意味の贈与という共通点をもつ。その意味は、定められていることも同一であることもけっしてなく、常に壊れやすいものだ。つまり、偶像崇拝による我有化という壊死を引き起こす浸食作用に抵抗する作品群が存在するわけだ。これらの作品の権威は、けっして汲み尽くされないこと、あたかも意味の指定からつねに逃れているかのようであることから来る。一種の非場《アトピー》を全面的に引き受けるのであり、この非場《アトピー》こそが作品の死すべき性格に永遠に似た何かを与えるのだ。これらの作品は不確かで終わりなき自由の受肉として作用する。現実的でありながら、かといってみずからがそのうちで現れる物質や、順守するプログラムや、命令する環境とは同一視されることがない。現実的でありながら、あらゆる現実から自由なのだ。きわめて現実的な争点の、実質を欠いたフィクション、類似物、形象と言ってもよい。満たされないことの享楽を、欲望に与えるのだ。

とはいえ、これらの作品が礼拝や文化の場で受動的に享受されることもある。そこでは、防腐処置を施された死体が飢えた集団によって消費されるのだ。あらゆる芸術作品と同じくイメージも歪曲され、力を奪われる。あらゆる形態のアカデミズム制度が殺した傑作の数はけっして少なくない。偉大なオブジェがきちんとした教育と出会えないと、多くの自由が殺される。イメージについても同様だ。まなざしに対して見ることに固有の情熱を教えることができず、まなざしの文化を構築できないことになれば、人は可視性の貪欲さに丸腰で投げ出され、真の暴力に晒されてしまう。したがって、見る者の場所を構築することはイメージ制作者の務めであるし、それをどうやって構築するかは制作者によって作られたイメージを人々に見せる者たちの務めである。イメージは、イメージを共有する際にまなざしを交わす者たちの間で用いられる言葉《パロール》を新しく特別な仕方で管理することを要請するのだ。

だとすれば、イメージの暴力に関する問いは当初考えられていたのとは異なる形で提起される。のみならず、問いは二重化する。死に至る同一化の闇のうちに主体を維持する可視性の形態がある一方で、同じくらい完全に暴力的な内容に満ちていながらも、あらゆる併合を避けて、意味を構築しうる他のイメージがあるのではないか。良いイメージと悪いイメージを内容によって区別することはやめ、イメージが導入する象徴化によって区別すべきではないのか。というのも、悪いイメージも治癒をもたらしうるからだ。このような形で問いを提起することによって、なぜ徳のイメージが人を必ずしも有徳にすることがなく、犯罪のイメージが人を犯罪者にしないのかが理解できる。欲望の刺激に対して制御不能な反応を得ようと望むすべてのイメージ制作者は、観客を象徴的な無能力状態にとどめておくためにイメージを用いる。これこそが見えるものの暴力なのであり、それは見えるものが同一化と融合の装置に与している限り続く。だからこそ、ヴィジュアルの核心において、観客がそこから離れることもできるような場所を割り当てようとしているか否かによってイメージと見えるものとを区別するのがよいのだ。運動の余地がなければ、イメージは霊的交流の様態で消費される。隔たりなき消費のためのプロパガンダと広告は、暴力を生産する機械となる。たとえそれが幸福や徳の購買を呼びかけるときでも。見えるものの暴力の根幹は、意図的であるなしにかかわらず、思考と判断を廃滅させることだ。だからこそ、イメージによって喚起された感情、つまりイメージが喚起した運動を前にして、分析すべきは、イメージが作り上げる情念＝受苦の体制であり、またイメージの受け手となる人々にとってそれがどのような場所をもつかである。イメージの批判は、共同体による情念＝受苦の政治的管理に基づく。それはけっして内容にかんする道徳的浄化の裁きの場であってはならないだろう。そんなことをすれば、まなざしの自由のあらゆる実践に終止符を打つことになってしまうからだ。

映画とテレビが発明されて以来、見えるものの巨大な流れはつねに増幅を続け、芸術の世界と消費の世界に同時に奉仕することで、可視性に新たな状況が生まれた。画面《スクリーン》という装置は、見えるものと見えないものの力関係を新たな仕方で配分し直し、画面上の受肉と一体化の管理の配置は変わったのだ。のちほど数篇の映画を例として、言葉《パロール》の運命を中心に検討するが、まずは画面が特異な機能を持っていることを強調しておく。画面《スクリーン》と言うと、分離の空間、さらには見えるものを隠蔽する空間をただちにもたらすものと思われがちだ。「スクリーンとなる」という表現は、「隠す」「邪魔する」という意味である。だが、私たちがここで問題にしている画面とはイメージが出現する場のことである。画面とは、現実の空間であると同時に、監督《レアリザトゥール》〔実現する人〕によって生み出されるものが現実ではなくなるための条件でもある。なんとも謎めいたことに、フランス語では映画監督を「実現する人」*4と言う。一方、同じことを、演劇の場合は演出《ミザン・セーヌ》という語で示す。だとすれば、画面《スクリーン》上の場面《セーヌ》=舞台は奇妙な非場《アトピー》に属し、それは非現実的空間が実現されることに固有の事態なのだと言える。つまり画面は虚構《フィクション》の空間なのではなく、虚構が立ち上がる場なのだ。それは虚構という操作の条件である。画面《スクリーン》の誕生によって社会的空間のなかに

---

*4　フランス語の réalisateur は映画監督を指すが、この名詞は réaliser「実現する」という動詞に由来し、直訳すれば「実現する人」となる。

生まれたのは、画面自身が表すイメージと同じくらい謎めいた装置である。その装置は二重である。それは現実的身体も撮影のあらゆる物質的条件も示されない限りにおいて、省略によって生まれる織物でもある。したがって、画面は何よりもまず、イメージそのものの定義にかかわる。画面上の視覚的受容は、常にある種の束の間の逃げ去る非場《アトピー》、つまり映像《ヴィジョン》や上映の時間のうちで起こる。この非‐場所は社会的空間のうちに場所をもつ。それによって観客たちの空間や彼らの場所が形成される。彼らは相互に適切な距離をもって位置するが、ほとんど闇の中にいるために、彼らの身体と画面との現実的距離や、他の観客との現実的距離は消滅する傾向にある。つまり、何かが集団的な空間のなかに生じるわけだが、そこではスペクタクルの共同体と同時に、ヴィジョンの孤独が機能する。同じ時間のうちに銘々の場所が配されることで各人は、イメージが喚起する感情を独自の仕方で経験するのだ。そこでは、儀式的で政治的なものが疑問に付される。というのも、この集まりはいかなる共通のヴィジョンも生み出さないからだ。銘々が自分の場所から目に見え、耳に聞こえ、物語をもつ記号《シーニュ》を知覚するが、いったい何が共有されたのかという問いが出るのはスペクタクル終了後のことだ。融合が経験されたのか、それとも感覚がかき乱されたのか。それについて知るには、彼らが何を見たのか尋ねる必要があるのか、それとも、全員に対する映像の効果を規定するには見られた対象を分析すれば十分なのか。別の言い方をすれば、一つの映像《ヴィジョン》の本質は、見る主体のまなざしの質によるのか、それとも、見られるものとして与えられた対象の質によるのか。この問いに対する一義的な答えはない。まなざしの構築が政治の義務の一つであるとすれば、それが構築されるやいなやあらゆるスペクタクルは、それがどれほどの自由を与えるのかという自由の尺度によって評価されることになろう。しかし、それを見せる者以外のいったい誰がまなざしを構築するというのか。だとすれば、画面上でイメージを作り出す者にはまなざしの構築に関して責任があるということになる。そう考えれば、それぞれのスペクタクルは、映画作家やビデオ作家が画面との関係でもたらす場によって変わる観客の自由を左右することになる。この場が距離《エカール》を尊重して構成されればされるほど、観客は、見えるものが生み出す感情的機能において批判の自由をもって反応することができるだろう。まなざしの教育はこのようなあり方で行われるべきだろう。子どもは何を見てもかまわない、ただし、見る前に彼のために観客の場が構築されていることが条件である。ところで、この場を構築するには時間がかかる。したがって、結論的には、子どもが何でも見ることができるためには、その子が一緒に見る大人の言葉によって支えられている必要があり、その大人自身もまた見ることを学んでいる必要がある。イメージは、誰にでも手が届くエスペラントのようなものではない。情念＝受苦的対象としてのイメージはつねに暴力的なのであって、イメージから引き出すことができる力や弱さを知らなければならない。イメージの暴力が力を与えるのは、観客から語る主体の場を奪わないときである。他の者とともに見ること、これこそが問題である。というのも、人はいつも一人で見るからであり、他者と共有できるのは視界を逃れてゆくものでしかないからだ。見る身体と見られたイメージの間に見えない形で紡がれる何かが、私たちを横断する情念＝受苦の運命において共有される意味や選択の横糸を構築するのだ。それは画面上で起こるにもかかわらず、そこには見えない。可視性のただ中におけるイメージの非場《アトピー》が命じるのは、見えないもの、つまりあらゆる人が見たと言いながら、見えるものが示さなかったものを生み出すことだ。映画館は本来の意味で期待の部屋《サル・ダタント》〔待合室〕なのだ。

要するに、殺す者とはつねにすでに死者である、と私は言いたいのだ。アリストテレスは実際に生きている市民に向けて語っていた。彼は、悲劇的なスペクタクルとは耐え忍ばれたこと（パトス）が象徴的な共有（ロゴス）に移行する空間だと考えた。行為《ア》＝芝居《ク ト》に移行することとは、言い換えれば、舞台上のロゴスをもはや俳優には担わせなくなるとき、現実へと転倒することではなく虚構へと転倒することなのである。犯罪者が俳優となるのは、彼が反転可能だと信じることのような現実のなかでなのだ。[*5]

イメージの性質や意味が変わり、かつての演劇や絵画と同じ効果をもたなくなったのは、画面《スクリーン》という新しい技術装置のためなのだろうか。可視性の取引やプログラミングのイコン官僚によって、イメージが道具やその用法となったことを非難すべきなのか。道具は併合を引き起こす幻覚の器具として、つまり批判力を行使するための距離を観客から奪う脱現実化の器具として使用されているのではないか。画面《スクリーン》の問い、これこそが現代を特徴づける問いである。実際、画面《スクリーン》こそが、想像的なものの構築において前例なき装置をもたらし、融合と併合の効果を生み出すからだ。画面は、新たな実体変化が演じられる、新たな典礼をもたらした。言葉《ヴェルブ》は身体となり、イメージは肉を失った。画面が作りだすのはミメーシスとフィクションの新たな関係である。画面は舞台ではない。この陳腐で自明なことを繰り返す必要があるだろうか。画面は舞台とは反対のものである。「実現する人」と奇妙にも呼ばれる監督は、演出家ではない。偉大な映画作家やビデオ作家の芸術全体は今日、身体に対する空間のこうした変容、そこから帰結する責任、彼らに虚構的な書法《エクリチュール》を見いだすように強いているものを十全に意識することを前提としている。この書法《エクリチュール》とは、すなわちモーセにとっての神の背中であった画面上の等価物であり、可視性のうちに隠れている何かである。画面があり、その画面上ではもはや距離の取り扱いに応じなくなった流れがあるとき、想像的なものにとっての新たな手札とは何か。適切な距離なり観客の場といったものは、政治的な問題である。暴力は距離を組織的に侵犯することによって生じる。この破壊は見世物《スペクタクル》的な戦略によって生じるのだが、この戦略は意図的であれそうでなかれ、空間と身

＊5　フランス語の acte は「行為」という意味をもつが、演劇用語として「幕」を意味するだけでなく、哲学用語、とりわけアリストテレスの用語としては潜在態（puissance）に対する「現実態」を意味する。

体の区別を混乱させ、他者性の好機《チャンス》がまるごと失われてしまうような不明瞭な連続体を生みだす。画面の暴力が始まるのは、それがもはや遮蔽物《スクリーン》でなくなるとき、つまり意味を待つ可視性の登記の平面としては構成されなくなるときである。眼に密着したものは見えず、耳に密着したものは聞こえない。距離を置くことによってのみ、眼や耳に何らかのものを見たり聞いたりする好機《チャンス》が生まれるのだ。

一九七〇年代に出版されたケーニヒとディクソンの『気をつけて、子どもたちが見ている……』[*6]を見てみよう。こんな話だ。両親の不在がちな家で五人の子どもが、ある日ベビーシッターを殺害する。彼女が家中をたえまなく動き回り、彼らとテレビの間に何度も立ちはだかったためだ。ベビーシッターを厄介払いしたものの、今度は彼女のメキシコ人の恋人につきまとわれ、彼のことも始末せざるを得なくなった子どもたちは彼を車ごと断崖から突き落として消す。細部は省略しよう。物語は子どもたちによって静かに遂行された殺人の連関を描く。この小説の前提をなす仮定が何らかの妥当性をもっているとすれば、物語が示していると思われるのは、身体の空間とスペクタクルの空間の区別がなくなるなかでの現実感の喪失である。この小説の小さな怪物たちは、隔たりに達する可能性がまったくないのだ。画面《スクリーン》は遮蔽をもたらさない。画面を遮蔽するのはベビーシッターのほうだ。殺されるべきは現実的なものであるが、その同じ動きのなかで現実的に殺すわけではない。もはや遮蔽物《スクリーン》とはならない画面《スクリーン》によって、一種の鏡のような眩惑が生み出され、それによってまなざす主体はまさしく観客としての性質を失い、不確定性のなかに飲みこまれる。この併合は、物そのものとの関係を永続的に脱現実化すべくなされる事物の商いのなかで、増大するばかりとなる。今では、子どもたちは巨大なミッキーと握手するよう促され、金儲け主義が生み出すあらゆる摸造物《シミュラークル》と一緒に暮らし、それらが家庭、学校、遊戯の空間に侵入している。画面の世界の延長であるような、ぬいぐるみやプラスティック製の亡霊の世界が事物の間にのさばり、事物が現前することと身体が現前することの間の境界線はますます不分明になる。見えるものは密度の高い網の目を紡ぎ出すが、そこでは空虚と距離が、あらゆる欠如を埋めんとする事物の市場によって吸収されてしまっている。ちびっ子が画面の前で大人しくしていることをベビーシッターは喜ぶだろうが、そんな風にして子どもたちをほったらかしにするよりは、ベビートーカーとして子どもに話しかけるほうがいいはずだ。

暴力的なのは、あらゆる他性を排して、身体を思考の沈黙に還元する操作だ。〈一者〉として機能するときほど人々が孤独なことはない。一家団欒の場や、公衆として観客が集まるとき、同

＊6　Laird Kœnig and Peter Dixon, *The Children are watching*, Ballantine Books, 1970.　一九七八年、セルジュ・ルロワによってアラン・ドロン主演でテレビドラマ化された。

じ運動のうちで合一《コミュニオン》と排除（破門《エクスコミュニケーション》）が生じる。これこそが、みずからの情念＝受苦と格闘する共同体の構築において画面を使用することがもたらす大きな問題なのである。権力はつねに愛や憎しみをコントロールしようとする。そして、視覚的な感情がこうした情念＝受苦に関係する限り、上映する装置、上映するために選択された形式、声に与えられた場、フレーミングやモンタージュのなかでとられたリスク、こうしたものはすべて政治的な振舞いとなる。その振舞いにおいて観客の運命は自由そのものに参与する。検閲が、その命令を通じてまなざしの教育や制作の倫理的要請に取って代わることはけっしてないだろう。もちろん、ポルノがある限り、断固たる態度をとる必要があると言う人もいるだろう。だが、問題はむしろポルノが儲かる市場だということであって、誰がこの市場を断念しえようか。犯罪もセックスも現実の経験であり、それが商品となるずっと以前から、芸術作品を生み出してもきた。金銭は聖体拝領的実体変化の現代版となったのだ。

　この状況に直面しながらも、諸制度にできることは検閲を守ることでしかない。検閲は、交わされる言葉《パロール》の力の代わりに、共同体の身体にとって善いもの悪いものを決定する権威的言説の暴力を置く。言ってみれば、制御不能な感染症が起こったときに出される衛生規則のようなものだ。悪＝病に立ち向かうのではなく、それから身を守るのである。隔離に基づくこの感染対策は、たんに免疫抗体が一般に広まることを妨げるだけである。奇妙な仕方で自由にとらわれている個々の人間が、あらゆる悪〔病〕の不可避的な被害者だとみなされる。あたかも共同体の言説のほうが、個々人の言葉《パロール》や思考よりも優位であるかのようだ。検閲が示すのは、個人の弱さであり、全体の力である。

映画『最後の誘惑』[*7]が公開された際のカトリックとプロテスタントの反応を比べてみよう。カトリック当局は次のように宣言した。「私たちはマーティン・スコセッシの映画『最後の誘惑』を観ていない。私たちはこの作品の芸術的価値は知らない。しかしながら、私たちは前もってこの作品の上演配給に対して抗議する。なぜか。イメージのリアリスティックな力によってスクリーンにカザンザキスの小説を映し出すことはすでに、何百万人ものキリスト教徒の精神の自由を傷つけるからである」。見ることを拒否し、判断することから逃れ、自由の名のもとに（！）統制する逆説を支持したわけだ。同じとき、プロテスタント当局は次のように宣言した。「作品についての批判的評価は、噂にもとづいてはなされえない。作品が見聞されることとなしに、評価が時宜を得た形で表現されることはない」。つまり牧師たちは、ある対象について対話し議論するとき、語るためには見なければならず、判断するためには語らなければならない、と考えたわけ

＊7　一九八八年のアメリカ映画。監督はマーティン・スコセッシ、原作はニコス・カザンザキスの同名の小説『キリスト最後のこころみ』。

だ。信用は発せられた言葉《パロール》に対してなされる。能動的であり続ける言葉《パロール》の領域では、見えるものが殺すことはないのだ。

あらゆる媒介《メディアシオン》が挫折し、不可能になったときに暴力が出現するのだとすれば、媒介との関係でイメージの場所とはいかなるものだろうか。今日、イメージに関してなされる問題提起がもつすべての曖昧さは、メディアという言葉の取り違えや誤った思い込みから来ている。ある対象が媒介的《メディア》、つまりコミュニケーション技術によって作られたといわれるからには、人々はそれが媒介のうちにあるものだと素朴に信じ、象徴的な価値を与えてしまう。媒介をコミュニケーション戦略や技術に矮小化することで、一つの学問領域まで作ってしまったのだ。しかし、このような態度は、イメージの根本的な性質が非媒介性〔直接性〕であること、媒介に対する原初的な抵抗であることを忘れている。われわれは、チャンネルを通じて公衆に訴えかける一切をメディア的と呼ぶ習慣を身につけ、一切がチャンネルを通じて誘導可能だと思い込むようになった。だが、イメージはそのようなものではない。イメージはチャンネルという運河から大きくあふれ出し、そのたくらみによって、チャンネルを作る連中が手懐けたつもりの身体と精神に侵入する。イメージは執拗で、情念=受苦的で、静かな現前であるが、見ることの喜びからもたらされそのうちに供される言葉によってのみ存続する。イメージの暴力を問題含みなものにするのは内容《コンテンツ》ではない。残酷な内容も、激しい内容も、穏やかな内容もあるが、そのこととイメージが思考に対して暴力を振るうこと、思考を消滅させることとは無関係だ。ある種の見えるものは言説を人格化する《ペルソニフィエ》〔言説の化身となる〕が、そのような言説はつねに主人の言説である。そうなると、見えるものは、観客を教化し、人格化する身体の可視性へと一体化してしまうが、この身体とはまさにそれ自身を下支えする言説の身体にほかならない。主人の言説はまなざしを見えるものに従わせ、同意へと呑み込む。それに対して、形態がいかなる人格化ももたらさず、言葉《パロール》を宿している見えるものは、まったく異なる。それこそが、画面《スクリーン》上で受肉するということだ。その場合、見えるものは、イメージがいまだ構築されるべきものにとどまっている場所に観客を置く。見えるものが共有されるのは、声によって作られたイメージとの関連においてのみなのである。

II　画面《スクリーン》上でおこる受肉、一体化、化身

犯罪行為を目撃することによって人が犯罪者になるのは、まさに彼が単なる傍観者ではなくなるからだ。人を悪者にするのは、人を愚かにするものだけである。人に同一化と融合を強いる体制においては、徳の光景ですら犯罪者を作りだす。美の光景が最も醜悪なものを生み出しうるのと同じだ。つまり、真の暴力とは専制的な力をもつ図像類《イマジュリー》によって思考を殺すことである。実際、聖なるイメージによって、審問官や殺人者となった者は一人や二人ではないのだ。

だが、ここでは一つの模範となる例を取り上げてみたい。ヒトラーに服従し、しつけられた映画作家が、注文主である第三帝国の犯罪的な暴力のうちで作った映画である。彼にとってはきわめて不幸なことに、映画はゲッベルスには気に入らず、検閲された。そのフィルムが私たちに伝

わることになったのは、たまたまラングロワ[*1]によって見出され、救われたためである。つまり作品は、監督その人のナチス擁護の意図を逃れたのであり、このことは詳細な分析に値する。身体とまなざしが完全に隷属状態にあり、映画作家たちが統合的一体化や模範的化身〔人格化〕の担い手となった怖るべき独裁の時代に、映画作家ツィールケ[*2]はあらゆる困難にも負けず自由で矛盾した作品《オブジェ》を作り上げ、それはフィクションの自由な受肉に奉仕した。この作品において、イメージは全体主義に対して暴力を行使する受け入れがたいものであったから、この点を見誤らなかったプロパガンダの指導者は暴力的な反応を示した。『鋼鉄の動物』[*3]が力をもっているのは、それが自由な観客に呼びかけており、そこでは夢と希望と挫折がまじりあった物語空間で観客が自分自身の場を自由に築くことができるからである。ここで私の興味を引く問いは、いかなる点で、芸術作品がつねに不可避的に独裁者の不満を引き起こすのか、自由の暴力的な力を作動させるかぎりでいかに独裁者の暴力的な反応を引き起こすのか、ということだ。

なぜこの作品をただちに芸術作品と認めるのか、という反論があるかもしれない。きわめて安易に答えるならば、この作品には形式上の長所と感情的な力があり、芸術史一般、とりわけ映画作品史に関する批評を行う研究者たち、つまり歴史家や芸術批評家たちの道具立てや仕事を参照することで分析できるからだ。端的に言えば、美は状況とは無関係で、その誕生の環境から独立しているがゆえに、不服従なのだということだ。美術史家はこの領域に十分に取り組んできた。

それゆえ、私はこの議論に踏み入るかわりに、むしろ次のように述べたい。ある一つの芸術作品は、それが受肉する自由の形象として、歴史の各瞬間に選択される美的形式によって特徴づけられる、と。しかし、それが生まれた世界に作品をつなぎ止めている絆とはいかなる類いのものなのだろうか。作品を取り囲むすべてがその形式の要因となり、それによって作品の手段も意味も、日付が付され、解釈することができるようになる。だが、そうなると、作品は何において出来事となるのか。この出来事は世界と連帯しているが、それが姿を現すことで、予見可能な秩序とか、さまざまな決定を帯びた秩序はつねに破壊される。だからこそ、いま検討している例について言

＊1　アンリ・ラングロワ（Henri Langlois　一九一四―一九七七）　フランスの映画保存・修復の先駆者。一九三六年に、シネマテーク・フランセーズの前身となるアーカイヴをジョルジュ・フランジュ、ジャン・ミトリとともに創設した。

＊2　ヴィリイ・ツィールケ（Willy Zielke　一九〇二―一九八九）　ポーランド生まれのドイツの写真家、映画監督。撮影監督として『民族の祭典　オリンピア第一部』（一九三八）に携わる。

＊3　一九三五年のツィールケのドイツ鉄道の歴史を題材にしたドキュメンタリー作品。知識人である鉄道技師クラッセンと労働者たちによって知的プロジェクトに命が吹き込まれていくが、その間さまざまな困難に見舞われる様子を、ロシア映画を彷彿とさせるダイナミックなモンタージュで描いている。この作品はゲッベルスによって検閲された。

えば、ツィールケが行使したほとんどありそうにない自由がいかなるものかを理解するためには、この作品が注文主から自律していることを称えるのではなく、作品の誕生を決定した登記《インスクリプション》の場を分析する必要がある。

仮にこの映画を要約し、同時に哲学的にその内容をまとめる必要があるなら、私は次のように言うだろう。この映画は、百周年を迎える鉄道を、人間の知的で技術的な冒険として言祝ぐ。そして、画面上《スクリーン》でこの冒険は、脅威と約束、失敗と成功とに同じ比重を置きつつ受肉する。それは歴史の思考だが、物語のなかで受肉し、夢や希望を語る言葉《パロール》を宿す肉をもった俳優によって演じられている。つまり技術史のドキュメンタリーなのだが、ガストン・バシュラールの作品のように夢想的想像力の言葉で語られ、科学的思考の物質化を豊かにしている。*4 プロパガンダは放棄され、フィクションが前景に出る。以上のような単純な説明で、この作品を体制翼賛のあらゆる一義的なプログラムから截然と区別するには十分だろう。神話的な擬人化は皆無であり、現実をフィクションとしてモンタージュしているが、それが理想化するもくろみのうちに現実の特徴を消し去ってしまうことはない。この映画には、その世紀の最も偉大な科学認識論者たちの思考と、ソ連映画のモデルが宿っている。そのことは、「鋼鉄の動物 *Das Stahltier*」という題名からも見てとれる。そこには「鋼鉄の人」を意味するスターリンの名が鉄鋼業計画を響かせている。

この映画はどのようなものか。それは完璧なまでに有機的に構成された連続するテーマから構成されており、言説とイメージが断絶することなく呼応している。映画の根底にある思考が、眼の冒険と思考の冒険とを完璧に連動させているからだ。一人の技師がある機械を作り上げることを夢想し、思考し、計算するのだが、彼の作業は実現すると同時に悪夢ともなる。科学者としての彼の力は、実践の場では有効な専門能力を彼に与えることがなく、幻想と不器用さのために彼は一世紀にもおよぶ夢と試みと挫折の歴史に仲間入りすることになる。それでも、結末は肯定的だ。鉄道は実現し、人間の共同体を変えるからだ。鉄道技師が語る歴史的エピソードのどれもが、鉄道員たちが自然のなかで寝たり、遊んだり、水浴びしたり、休息したりする生の場面によって区切られ際立っている。ここに見られる自然との近さ、隠喩的な親密さによってツィールケは、数多くのレールが錯綜する様子を、枝や、風に揺れる麦の穂が錯綜する様子と類比的に示す。こうして、機械も有機体と呼応しているように見える。機関車は動物の姿をした機械としては獣であり、人間の形をしたモデルとしては愛人となる。全篇にわたって獣でもあり人間でもあるという両義性が保持されることで、この発明の運命は現実の人間たちの間を織りなす関係性にのみ位

＊4　ガストン・バシュラール（Gaston Bachelard　一八八四―一九六二）　フランスの哲学者。科学哲学に学問的基礎を置きながら、ロートレアモンの研究などでも知られるように、科学的認識と詩的想像力の二つの領域を横断して考察を深めた。

置づけられることになる。このような自然と産業の接合は一九世紀末からなじみ深いものだが、ソヴィエトの美学において再び活性化され、農民たちの農業的世界が産業革命とイデオロギー革命とに結びつけられた。機械の加速は世界の加速を導くが、だからこそツィールケにとっては、人間の歴史は思考のリズムに従うのであり、事物のリズムにではないのだ。列車の歴史は人間の冒険である。それはゆっくりとした歴史であって、身体によってスクリーン上に受肉するが、その身体はいかなる瞬間にも、観念の化身となったり、抽象作用に声を貸したりはしない。

かなり異質な部分から構成されているにもかかわらず、別の場所で映画の統一性は担保される。それは、独裁者が受け入れることを拒否したこの作品の力を構成するすべての選択を基礎づけるものだ。この統一性のために、映画は検閲の目を逃れられず、容認されなかった。つまり、時間、歴史、芸術創造という問題が、ここでは唯一で同一の問いとして立てられており、さまざまに変奏されるのだが、連続性という解決は提示されず、観客に委ねられているために、この映画は制御できないものになっているのだ。この映画を、様式的観点および政治的観点からこの作品の直接的環境に還元してしまうと、まるまる一世紀にわたる作品と権力の歴史からこの映画を切り離してしまうことになる。ところが、この作品はそもそも百周年を祝うものであり、時代の観念と完全に連動した百年の解釈なのだ。この映画を理解するためには、注文それ自体の歴史的意味、それが前提とする記憶の操作、つまり、あらゆる全体主義と同様にナチズムの先鋒でもあったという事実に戻らなければならない。

第一に、ドイツで百年前から行われていた鉄道の敷設とは、いかなる営為であったのか、また、ナチズムはそこで何を我が物にしようとしたのか。第二に、どのようにして、ひとりの芸術家は、意図してか否かは別として、ただ作品のみによって、一切の一義的なプログラムに従属することのない固有の時間性を作り出し、観客自身に判断の批判的な力を委ねるのか。

なぜツィールケの映画はまずベルリンのドイツ国営鉄道に、次いでゲッベルスによって拒絶されたのか。ドイツ帝国にとって、この映画の注文にかかわる百周年の争点は何だったのか。どのような意味でプロパガンダが問題になっていたのか。

一九三五年、ドイツ鉄道百周年を祝うことは、ドイツ統一を祝うことにほかならなかった。だが、ビスマルクによってドイツが政治的に統一されたのは一八七〇年のことでしかない。つまり、計画はすでに事実に反しており、一九三五年、ドイツは百歳にはなっていなかった。ツィールケの映画は、先鋭でドラマティックな結節点に位置する。ドイツ関税同盟の発足という点からすればドイツ鉄道は生の機械であるが、〔ユダヤ人〕強制移送において鉄道が果たした機能を考慮するならば、死の機械となる。映画は誕生の告知であると同時に、死の予告でもあるのだ。鉄道は地獄の道となるだろう。『鋼鉄の動物』というタイトルがすでに両義的だ。それは同時に自然と産業とを、文明と獰猛さとを示す。ナチズムは生物学的なものと産業的なものとの殺人的な同一化に乗じたのではなかったか。それは生の列車であり、死の列車である。同じものが、生と死とを配分し、結集《ユニオン》、コミュニケーション、合一《コミュニオン》と排除を配分するのだ。列車は一つの目的のために結合し、分断する。その目的とはドイツという国民国家を領土的、経済的、人種的に統一することだ。大地と土地は鉄によってこそ価値を高めるのだ。この点をよく捉えるために、ある人物の話をしなければならない。今日ではあまり知られていないが、彼の著作は『印刷と人間の精神』[*5]のミュンヘン版で人類の歴史を変えた五百冊の本の一つに数え上げられている。その人物とはフリードリヒ・リストであり、彼は一七八九年生まれで、シュトゥットガルトで一八四一年に出版された『経済学の国民的体系』[*6]の著者である。この男の物語は、ツィールケの話を裏返したものに似ているだけに、要約の労をとるに値する。忘れてはならないのは、ツィールケ自身が『鋼鉄の動物』のアンチ・ヒーローであるクラーセンと同じく鉄道技師であり、悲劇的な夢想家だったことだ。

リストは、クラーセンと同じく鉄道技師であり、独学者で、大いなる夢想家だったが、あやうく政治的キャリアを歩むところだった。彼は生まれてから亡くなるまで一つの理念だけをもち続けた。ドイツの統一である。この統一は、経済的統一によって可能となるから、ドイツの多様な君主国や自由都市間の内的関税という障壁の撤廃を経なければならない。鉄道のみが国民国家を実現するにあたって民族全体を統一する機械となる、そう彼は考えた。列車のみが一国の市場をもたらし、その市場が、ドイツ国民、〈民族〉としてのドイツの基礎をなすと考えたのである。この固定観念、つまり一八一七年から一八二〇年にかけては革命的だった理念のために、リストは転覆罪で牢獄に入れられた。牢獄から出て、フランス、イギリスへと渡った後、ドイツに戻って服役し、一八二四年に条件付きで保釈された。その条件とはアメリカ行きで、そこで七年を過ごすことになる。一八三〇年、彼は在ライプツィヒ米国領事となって戻ってきた。彼は国家統一のための闘いを再開するも、計画はことごとく挫折。一八三三年には小論文「ザクセンに敷設すべき鉄道網について」を書くが、反響はなかった。一八四七年、彼はみずからの頭に銃弾を撃ち込んだ。そうはいっても、一八三五年には、フュルトとニュルンベルクの間にドイツ初の鉄道がイギリスの援助により開通していた。ただし、ドイツの経済的・政治的統一がヴィルヘルム一世[*7]のプロイセンによって果たされるにはビスマルクの登場を待たねばならなかった。

彼の物語に触れたのは、ツィールケが当然のことながらこの夢想家の技師について何も語らな

＊5　一九六三年、印刷術誕生五〇〇周年を記念して Printing and the Mind of Man（印刷と人間精神）と題した博覧会がアールズ・コート・エキシビション・センターと大英博物館を会場に開催された。その詳細なカタログは六七年に刊行され、八三年にミュンヘンで第二版が刊行された。
＊6　フリードリッヒ・リスト『経済学の国民的体系』小林昇訳、岩波オンデマンドブックス、二〇一四年。
＊7　原文ではヴィルヘルム二世となっているが、一世の誤植と思われる。

いからだ。最初の機関車を発明したフランス人やイギリス人の失敗や困難をめぐっては、かなり技術的な話がなされているにもかかわらずである。同様に、ドイツ鉄道が開通以来担ってきた国家統一のイデオロギーについても言及はない。ツィールケは国家の冒険を科学の冒険に書き換えている。さらに悪いことに、この科学の冒険は、国境を越えて多くの人々によって夢みられた普遍的な人間の経験として提示されている。発明家の成功と失敗についての冒険物語というわけだ。「創造する」はナチ的な動詞ではない。ドイツ国営鉄道にとってリストの業績がきわめて重要だったことは誰もが知るところであり、のみならずヨーロッパの産業界全体にとっても重要だった。実際、彼の著作はリシュロによってすでに一八五七年にフランス語に訳されている。[*8] 鉄道は国家統一に関する政治の重要案件であり、ヨーロッパの諸国家の歴史、自由貿易に関する議論の歴史に関係している。その提唱者の悲劇的な物語は、ツィールケの物語と同じくらい悲劇的である。というのもツィールケは、鉄道を科学とプロレタリアを結ぶ連帯と社会的コミュニケーションを生み出す機械とみなしていたからである。その点で、労働の生産手段によって社会革命や階級間の平等をめざすソヴィエト的テーマに通じる。リストにとって牢獄は精神病棟、ひょっとすると去勢だったかもしれない。ただし、リストとツィールケには大きな違いがある。リストにとっては政治的行動が技術的対象と一体になっているのに対して、ツィールケにとって技術的行動が政治的行動を受肉するのである。形式を問題とする映画という仕事によってこそ、鉄道がもつ革命的な性質が明らかになった。ツィールケの列車は、鉄道によってドイツを駆け巡り、〔政権には〕都合の悪い物語を生み出す撮影クルーの列車である。ナチズムは、政治的思想の受肉の空間であるような映画的空間を受け入れることができない。リストの前に立ちはだかり抵抗したのは、特権と自律に執着していた諸公とその領国であった。一方、ツィールケの前には成立したドイツ帝国が立ちはだかったが、それは国家社会主義の理想の本質自体が、列車というこの新たな語りの装置によって脅かされたからである。かつては人々を統一し、民族のアイデンティティを生み出したこの機械は、もはや望まれる統一をもたらさない。というのも、それは距離と受肉の機械だからだ。鉄道の物語はもはやドイツだけの物語ではなくなり、それを夢見、探求し、発明し、働いた者すべての人々が分かち合う物語となる。それは百周年で頂点に達するような自信に満ちた勝利の物語ではなく、困難と矛盾と苦労に満ちた人間的ドラマである。すでに殺戮を犯したこの機械は、これからも殺人を犯すだろう。人間の集結とは、産業の十字軍に取り組む叙事詩的で聖なる共同体といったものではない。映画の列車は、アウシュヴィッツには行かないだろう。もちろん、スピルバーグとベニーニは例外だが[*9]!

---

*8　Frédéric List, *Système national d'économie politique*, traduit par Henri Richelot, Capelle, 1857.

*9　スティーブン・スピルバーグ（Steven Spielberg　一九四六―）現代ハリウッドを代表するアメリカの映画監督だが、ホロコーストを描いた一九九三年の『シンドラーのリスト』では、アカデミー賞を七部門

機械は新しい動物性として生きられる。つまり、非人間的だが飼い慣らすことができる存在として。他性の形象《フィギュール》である機械は、女性にもなるし、何をしでかすかわからない運命の愛人にもなる。ヴィリエ・ド・リラダンの『未来のイヴ』[*10]と同様、この映画の創造者は被造物との秘密で謎めいた実験を生きる。怪物と、みずからの手が生み出した怪物にあわてふためく創造者《デミウルゴス》をめぐる物語のロマン派的な系譜に連なる作品なのだ。ロマン主義の形而上学的霊感は、自分自身の夢が引き込む魅力的な恐怖を養分とする。この作品のうちには怪物的なものがあるが、技師と労働者は器官をそれぞれの仕方で示すので多義的な曖昧さが生まれる。別の言い方をすれば、労働は理想を生み出す代わりに、言葉と物語＝歴史を救うために、妄想《ファンタスム》がわがもの顔でふるまうことに対する障害物を作り上げるのである。だからこそ、強制収容所——あらゆる妄想を充足させる自由な空き地であった——の入り口に「労働はひとを自由にする *Arbeit macht frei*」と記した者たちは不満だったのだ。[*11] ナチス帝国は、労働者に現実を構成する役割を任せることも、夢想家に自由を構築する役割を任せることも望まなかった。ドイツの鉄の機械が開くのは、冶金工業的な死、機械加工的な死の百周年である。だからこそ、この映画で描かれる夢想家たちの事故死はゲッベルスにとって、勝利すべき装置においては存在することも効力をもつこともない記憶でしかなかった。なぜなら、プロパガンダ映画においては、一義的で神話的な信号を生み出さなければならないからである。

技師クラーセンの内的冒険には哲学的価値があるが、それをナチズムは活用できない。ゲッベルスが期待していたのは英雄物語であり、ドイツ国民全員を憎しみと勝利の列車を牽引する蒸気機関の機関士にすることだったからだ。ランズマンが『ショア』で見事に捉えたあの貨車の機関士のことを思わずにはいられない。[*12] ツィールケの映画が生みだすエモーションに、原始的なとこ

で受賞するも、クロード・ランズマンらによって厳しく批判され、今なお表象不可能性をめぐる議論の対象となっている。ロベルト・ベニーニ（Roberto Benigni　一九五二―）イタリアの映画監督、俳優。『ライフ・イズ・ビューティフル』（一九九八年）でやはりホロコーストを描き、カンヌ国際映画祭審査員グランプリ、アカデミー賞では三部門受賞するが、『シンドラーのリスト』と同様に、筆舌に尽くしがたい出来事を感動物語に仕立てあげたことでしばしば批判の的となっている。両作品ともに、まったく異なる形ではあるが、列車が強制収容所に到着するシーンがある。

＊10　ヴィリエ・ド・リラダン（Villers de l'Isle-Adam　一八三八―一八八九）フランスの作家。『未来のイヴ』は彼の代表作で、SF小説に多大な影響をもたらした。人造人間であるハダリーを制作する物語であり、この「アンドロイド」にいかにして魂を与えるか、という一貫したテーマをもつ作品。『未来のイヴ』高野優訳、光文社古典新訳文庫、二〇一八年。

＊11　「Arbeit macht frei」は、ナチス・ドイツの建築家アルベルト・シュペーアの提案によって、多くの強制収容所の門に掲げられた文言として知られる。

＊12　クロード・ランズマン（Claude Lanzmann　一九二五―二〇一八）フランスの映画監督。ホロコースト

ろ、英雄的なところ、叙事詩的なところはまったくない。このエモーションは、ある種の愛の物語を生きたいという欲望に駆られた身体が映し出されることから生まれる。ただし、そこでの愛はなんらかの事物への愛ではなく、その事物が分泌するあらゆるイメージへの愛である。列車が受肉するのは欲望の問題であり、快楽とメランコリーの絆が、人間、自然、事物のイメージの間で紡がれる。『鋼鉄の動物』においてはさまざまな身体のイメージが映し出されるが、それ〔鋼鉄の動物〕よりも大きく不可視であるような身体と一体になるようなイメージはまったく出てこない。つまり、理想的で空想された身体、観客と俳優を飲み込んで、「不浄の腹」で徹底的に消化してしまうような巨大で不可視の身体は出てこない。見えないものを管理するには二つの仕方があるが、両者は両立しえない。ツィールケのやり方には言葉《パロール》が宿っているが、ナチス帝国のやり方には、人を融合し同化しようとする言説が宿っている。この二番目のやり方こそ、レニ・リーフェンシュタールがヒトラーの命令に応えたときに用いたものだ。

クラカウアーを引用しよう。「アメリカ映画ではたいてい、社会や国民の生活を、それを代表するような英雄の伝記を通じて反映する。それに対してこれらのドイツ映画では、反対に個人を全体からの派生に矮小化してしまうのだ。そしてその全体は、それを構成するすべての個人より現実的だとされる。ヒトラー自身は人間としてではなく、怖ろしい非理性的な力の化身として示された」(1)。このきわめて的確な指摘は、一挙に、画面《スクリーン》上の化身の問題を提起する。ゲッベルスがロシア映画に魅了されていたことはよく知られている。彼はそこに神話的革命の次元を見ていた。彼はナチスのエイゼンシュテインを夢見ていたのだ。ところで、エイゼンシュテインの映画は、人物と化身を同時に演出する。エイゼンシュテインなりプドフキンと〔ナチス〕の根本的な違いは、個々人の実存のスケールから来ている。彼らの場合は、たとえ幼児であろうとも誰もが全面的に人格と見なされている。彼らの映画ではイメージのうちで言葉《パロール》が肉となるが、言葉がそれに仕えるはずの言説のほうは意に介されない。それに対して、ナチス映画にとって唯一重要なことは、おそらく時代性を超えた物語のうちに現れるドイツの英雄の無敵さである。レニ・リーフェンシュタール映画の俳優の身体は、観念を表すための人間的手段、言説の道具でしかない。

おそらく、スクリーン上に現れる見えるもののうちには、見えないものの二つの形象《フィギュール》があるだろう。一つは、受肉を引き受ける形象であり、もう一つは、一体化だけをめざす形象だ。両者

をテーマにした九時間以上にも及ぶドキュメンタリー作品『SHOAH ショア』（一九八五年）で知られる。この作品は、主にホロコーストを生き延びた人たちの証言インタビューから構成されるが、一方で跡地や遺品の山、そしてかつてユダヤ人を運んだ機関車と駅を映した映像も効果的に用いられている。

（1） Siegfried Kracauer, *De Caligari à Hitler, une histoire du cinéma allemand, 1919–1933*, Paris, Flammarion, 1973.〔『カリガリからヒトラーへ――ドイツ映画1918–1933における集団心理の構造分析』丸尾定訳、みすず書房、一九九五年、三〇一頁。ただし、モンザンはかなり自由に変更して引用している〕

において観客にあてがわれる場は根本的に異なる。この還元不可能な隔たりは、イメージ自身の働きから来るのであり、物語の明示的なイデオロギー内容からではない。たとえば、グリフィスの『国民の創世』[*13]は、国民創設神話に奉仕する作品で、あからさまな人種差別主義が随所に織り込まれているが、複雑で錯綜した物語となっていて、殺人的一体化を目指す戦争のシニフィアンが、イメージのなかでたえず身体の親密な生と交差している。風で膨れ上がった少女のドレスのドレープのなかで戯れる子猫のシーンを思い出していただきたい。

　ヒトラーの身体がドイツ国民国家の化身となり、彼が語るときにはアーリア民族が語っているということになるのは、こうした身体と声のあらゆるフィクション的構築物が、それを見る人すべてに共通する修辞や特徴を参照項にしているからだ。対象に吸い付けられた観客の目は、あらゆる運動のアイマスクによって満たされ、塞がれている。宣伝する者は、既存の象徴やエンブレムを使用することだけでは満足せず、それを上書きすることで一義的解釈の体制を課し、殺人や死の欲望をともに操作しようとする。こうして、人は狂信的行為《ファナティスム》を偶像崇拝の文化的可視性のうちに作り出す。見えるものは、単一思想のコミュニケーションに、また特権的な道具に仕える。そのとき、化身によって主体と記号《シーニュ》は融合し、もはや唯一の音、イメージなき身体から発せられる全員一致の喧噪のみとなる。イメージが死ぬとき、野蛮が始まるのだ。

　レニ・リーフェンシュタールは、『意志の勝利』でヒトラーの欲望とナチ的身体を満たした。

彼女が撮影したのは、国家社会主義党の最初の党大会[*14]の際の総統の身体である。ヒトラーという人物が映画的な意味で彼女の興味を惹いたわけではないことは明らかだ。ヒトラーの「外肉化《エクスカルネ》」された可視性（ジャン＝トゥーサン・ドゥサンティ[*15]の表現だ）は、ドイツ民族の抽象的身体なのだ。彼女はたいてい彼を背後ないしは斜めから撮影し、顔を露出オーバーで撮ったり、「神の示現《テオファニー》」であるかのように仰角で撮る。肖像を描くことなど問題外だ。かつてジャン＝リュック・ゴダールが指摘したように、一般的に被害者は顔、加害者は背中によって示される。私た

＊13　D・W・グリフィス（David Wark Griffith　一八七五―一九四八）　アメリカの映画監督。映画文法を築いた人物として知られる。『国民の創世』（一九一五年）は、南北戦争などの歴史的事件を背景に、奴隷解放の問題を叙事詩的に描いた大作。クローズアップやフラッシュバックなどの技法が効果的に使用され、映画史上最も重要な古典作品の一つとみなされる一方、KKKを正義として描くなど、差別的な描写が問題視されている。

＊14　実際には第六回党大会。リーフェンシュタールはヒトラーが政権を獲得したあとの最初の党大会（三四年、第五回、ニュルンベルク）も撮っている（『信念の勝利』）。

＊15　ジャン＝トゥーサン・ドゥサンティ（Jean-Toussaint Desanti　一九一四―二〇〇二）はフランスの哲学者。現象学を批判的に継承するとともに、数学における理念性の問題を追及した。モンザンはドゥサンティを敬愛し、その講演を元に共著の形で本を作っている。*Voir ensemble*, Gallimard, 2003. excarné という表現の出典は未詳。

ちはヒトラーの背中と向き合い、加害者の位置でその後を追うことになる。彼の前には、群衆がまとまりとして捉えられ、圧縮された塊《マス》となり、不明瞭な身体的実体となる。限りなく視界を埋め尽くす軍隊の、繰り返される同一の身体がもつ一枚岩のまとまりが、投影そのものの空間を飲み込む。映画館とニュルンベルクのスタジアムは同一の空間となる。ある身体にカメラがとどまれば、主体の生き生きとしたイメージに肉体を与えることになるが、そのようなショットはけっしてない。イメージの否定は、肉の否定と協調する。フィクションはまったくない。フィクションはないが、撮影された身体は現実性を奪われ、現実は実体変化し、肉を持たぬ擬造物《シミュラークル》となってしまう。人を殺し、みずからも死への準備ができている〔兵士たちの〕身体は、それでいながら彼ら自身が犠牲となっていることを知らずにいる。全体主義の映画は、抽象作用でしかないのだ。そこでは、化身があらゆる次元において行われている。ドイツ人は自分たちのイメージを犠牲にし、生を放棄しなければならないのであり、彼らが化身する観念のほうが生き、擬人化の論理に入らない者たちは、顔を、つまり人間としての尊厳を奪われることになる。みずからが「殺人者」になるために、ナチスの大衆は自身を犠牲にしなければならなかった。自分自身のイメージの喪に服すドイツ市民は、彼らがその罪悪感と恥からみずからを解放しなければならなかったのと同じだけ、イメージの不可視の尊厳を再構成するのに苦労するだろう。イメージがなければ、人はそれぞれ無責任さという孤独に向き合うことになる。それ以来、ドイツ映画はたえず自由な現出の新たな形象《フィギュール》を探してきた。そのイマーゴの肉は、犠牲者たちの現実の身体とともに運び去られてしまったのだった。

以上のことをより明確にするために、チャップリンがどのようにヒトラーを受肉したかを見てみよう。映画『独裁者』で、この受肉は、一つの同一の身体に、そのイコン的身体、全面的な両義性、自由な決定不可能性を与えた。ユダヤ人と独裁者は、唯一にして同一の身体でありながら、二つの受肉となっている。ヒンケル[*16]の受肉はそれだけで、あらゆる化身を脱構築し、崩壊させるものだ。床屋のイメージと独裁者のイメージによって喜劇的効果が展開されるが、われわれは二つの受肉された主体を混同することはない。ヒトラーの受肉は、彼のイメージの真の崩壊として機能し、彼の声はもはやパロディーの大騒動でしかなくなる。身体はシナリオに抗って演じ、俳優は歴史に抵抗する。チャップリンは、悪の化身に抗う善玉の受肉を演じているのでも、その逆でもない。彼は、横並びに、また対面のかたちで二つの受肉を付き合わせる。同一の身体に発する、両立しえない二つのイメージが、観客を判断の場に置く。『独裁者』はまさに政治的な作品

＊16　アデノイド・ヒンケル　『独裁者』の主人公で、アドルフ・ヒトラーのパロディー。容姿がそっくりの床屋チャーリーとの一人二役をチャップリンは演じている。

なのだ。芸術家チャップリンは、受肉をとことんまで演じ、暴君の形象《フィギュール》のもとに消滅する。一体化を強いる者の暴力は、イメージのなかで彼自身に向けられる力となる。これは、病の鏡像的反転に基づく治療法からさほど遠くない。おそらく、それこそが映画の魔術なのだろう。映画が受肉すればするほど、映画は人を解放するのだ。

ある人間を見えるようにし、その声を聞かせることとは、受肉させることなのか、それとも化身させることなのか、肉に声を与えることなのか、それとも言説に身体を与えることなのか。教父たちは、見えるものと言葉《パロール》の関係について考えたとき、イメージをエクリチュールに固定するのではなく、イメージ自身のただなかで声を発動させようとした。キリストの人格〔ペルソナ〕は、プロソーポン[*17]と呼ばれ、正面から見られたペルソナのことだが、活喩法《プロソポペ》によって〈父〉に代わって語るような神のペルソナ化〔化身〕では絶対にありえない。リトレの『フランス語辞典』によれば、personnification〔擬人化、化身〕の定義は次のようなものである。「文学において用いられる文彩《フィギュール》で、生命のないものや抽象的なものを現実的な人物で表現すること」。同じくリトレには活喩法の次のような定義もある。「修辞上の文彩《フィギュール》で、心をもたない事物に行動や運動を与えること、そこにいる、あるいはいない人、無生物、さらには死者にまでも語らせること、それらを人間として見ること」。したがって、預言者たちの言葉《パロール》も活喩法とは言えない。以上のように定義された活喩法と擬人化という二重の文彩《フィギュール》の近接性がよく示していることは、ギリシャ語のプロソーポペイアという語には二つの操作があるということだ。それは、人間に顔を与える一方で、顔をもたず、発声もできないものを語らせるのである。[*18] ロバは愚かさの化身として用いることができるが、ジュリアン・ソレル〔スタンダール『赤と黒』の主人公〕は野望を受肉する。前者においては、例示が想定されているのであり、つねに代替が可能である。ロバではなくガチョウでもよい。だが、後者の場合は主体があって、ジュリアン・ソレルをラスティニヤック〔バルザック『人間喜劇』中の野心に満ちた人物〕に置き代えることはけっしてできない。レトリックの枠組みのなかでは、勇気や臆病さを擬人化することは、読解に対してもまなざしに対しても感覚可能なアナロジーを提供することだが、そのアナロジーは適切な特徴があらかじめコード化された翻訳にもとづくものである。擬人化が機能するためには、読解あるいは見えるものへの登記の記号《シーニュ》と象徴《エンブレム》に関して合意がなされていなければならない。たとえば、正義を形象化する場合、それは和やかな顔つき

＊17　ギリシャ語のプロソーポンは、目や顔を意味するオープスの前に前置詞プロがついたもので、物の前面を意味し、そこから顔の意味になり、転じて仮面となった。それがさらに社会における役割の意味を表すようになった。坂口ふみ『〈個〉の誕生――キリスト教教理をつくった人びと』岩波書店、一九九六年、一三三―一三五頁。

＊18　ギリシャ語の prosôpopoeia には擬人法と活喩法の両方の意味がある。

の、均整のとれた佇まいをした美女で、片手は剣の上に置き、もう一方の手には天秤をもつ。その勝利は王冠によって、その独立性は重力を免れ天空《エーテル》に漂うことで示されるだろう。このような図像は、中国人にはまるで解読できない。というのも、図像がもつ隠喩的な力は完全にある文化における言説や記号《シーニュ》の使用に由来するからである。特徴的な記号はコミュニケーションの領域で発せられた言説の等価物である。映画のサウンド・トラックというものは活喩法の問いを引き受け、イメージの声を聞こうとする欲望のエモーショナルな管理を含んでいる。イメージにおける声の問題に関して、キリスト教的考察は、イコンにおける音がまったく異なる状況にあることを示している。イメージとそのモデルが同形異義であることは、類似を認めることが同定の振舞いであるどころか、それとは反対に、むしろ見えるものと、感覚可能な肉として現れる見えないイメージとが似ていないことにもとづいていることを示している。形象化されたものの名をイメージのうちに書き入れること、それはよそからやって来て見えるものに宿る声を聞かせることである。見えるものの住まいに声が宿るという考えは、現実的な現前のもたらすあらゆる幻想をずらし、見えるものを聴取の宛先の場にする。隠れたる神の「ボイスオーバー」は受肉の「ボイスイン」となり、その声を聞かせる者は、それ自身その名において応答しなければならない。彼が責任を引き受けるこの名前とは、不可視な〈父〉の名前である。したがって、受肉における声のこの権威は、作者自身の声ということになるが、それは作者が自分自身の名のもとに示すものに責任をもつ限りにおいてである。

この権威は無声映画にさえ存在する。イメージのサウンド・トラックは、まさに見えるもののただ中にある宛先の力が作用する場である。見えるものと聞こえるものを生み出す不可分な装置は、観客に与えられる場の政治的本性を内に含む。チャップリンは完璧にヒトラーのどなり声の機能を捉えたが、それはリーフェンシュタールによる戦争賛歌の使用でも同じである。イメージの暴力は、身体の構築における音の操作と切り離すことができないが、それはその身体がスクリーンから発せられた記号《シーニュ》を受け止めるからだ。九月一一日、二つのタワー〔世界貿易センタービル〕崩壊直後に映像を再放送した際、音声が意図的に消されたが、そのことが意味していたのは、スペクタクルが私たちを声なき状態に置き去りにしたと同時に、政治的身体がいまだ言説を発せられずにいたということだ。ある種の黙せる茫然自失状態のために、テレビの視聴者はさまざまな声が共存する空間で一つの可能な意味に到達することができなかった。幻覚のごときものが抽象的空間に展開し、それはキリスト教的西洋の身体の言説がこのスペクタクルの受容を活喩法の制御可能な場に位置づけるようになるまで続いた。ツインタワーはアメリカの化身であり、そのアメリカは、殺戮を行う見えない敵の犠牲者である人類全体の化身となった。神話の力が、現実的なものの力に取って代わった。支配者たちの声だけが、見えるものの沈黙にとどまらないための唯一の選択肢となった。だからこそ、おそらく多くの人たちが、ものを書き始めたのだろう。あたかも書くことだけが沈黙から、そしてタワーのアレゴリー的活喩法から脱出するための唯一の出口となったかのように。テロの暴力は、あらゆる独裁の暴力と同じく、犠牲者の現実的な生と同時に生きる者たちの想像的な生を襲うのだ。このようにイメージを死へと追いやることは、つねに、あらゆる生と自由を死に追いやることをともなうのだ。

III　戦争のイメージとパフォーマンス

　戦争の状況とパフォーマンスの状況を関係づけて問うことは挑発的だと思われるかもしれない。それは両者を近づけ、さらには同一視しようとする試みと考えられるからだ。つまり、殺人的な現実のうちで起こる衝突と戦闘の行為と、演劇なり造形芸術、またはしばしば両者が融合した、芸術的主張をもった虚構の演出とを近づけ、同一視しようとしているように思われるからである。

　いまやパフォーマンスの問いが、創造《クリエーション》の全領域に浸透していることは周知の事実である。それは芸術世界から始まり、スポーツや商業の世界、ついにはコミュニケーションの領域全体へと広まった。パフォーマンスは、商売や競争的関係を評価するための用語、人や形式を選別するための用語であるだけではない。この徴《シーニュ》のもとで文化と象徴的製品の領域が、最も暴力的な仕方で投資される用語でもある。実際、まさに戦争の現場、とりわけ中東における実戦地から、パフォーマンスの特殊な体制は生まれ、発展している。この体制は、現実に属するものと気晴らしに属するものをたった一つの併合的な鋳型のうちに流し込んでいるかのようだ。「エンターテインメントの文化」は、情報とコミュニケーションの地平で、地球的規模の視覚化の流れを通じて発展した。いまや戦争当事者諸国自身が、情報とコミュニケーションのさまざまな技術を用いて、演出の芸術を巧みに実践している。それがパフォーマンスとどんな関係があるのか、と疑問に思う人もいることだろう。じつは、この関係は直接的であり、二〇〇一年九月一一日以降、まさに先鋭化しているのである。

「本当の」暴力と「冗談の」暴力との間には還元不可能な隔たりがあり、それが戦争術〔兵法〕と呼ばれることもあるものと生の芸術〔舞台芸術〕とを区別する。[*1] 戦争術、つまり戦略と戦術は、死と引き換えに勝利に役立つ。舞台芸術は、観客の生をはじめとする共同体の生に役立つかぎりでそれとして認められるが、芸術の身振りを認めることは、たとえ拍手喝采を浴びるとしても、勝利とは似ても似つかない。したがって、両者を近づけることが適切かどうか判断するためには、パフォーマンスという言葉を吟味する必要がある。パフォーマンスの定義は、この数十年の間たえず解釈しなおされてきた。とりわけ、諸芸術間の多孔性や、劇場、映画館、ギャラリー、美術館の間での視覚的な汚染の現象によって、パフォーマンスという語が一種の多義的なかばん語になって以来そうなのだ。この語に関して唯一変わらないと思われることは、それがある種の作品が時間の展開と切り結ぶ関係や、（録画対象となる場合を除いて）反復不可能な、スペクタクル的で身体的なコミットメントとの関係であることぐらいだ。その幕開けはダダイストたちの最初のパフォーマンスであり、その後にフルクサス集団のパフォーマンスが続く（ナム・ジュン・パイクとシャーロット・モーマンによる一九六三年から六七年の『テレビチェロ』『オペラ・セクストロニック』『生きた彫刻のためのTVブラ』を参照）[*2]。時間との関係によって、虚構的なパフォーマンスに現実への手がかりが与えられる。この意味において、戦争が現実の出来事の爆発あるいは連続を示すのは、そのとき戦争とパフォーマンスが、現実の時間との関係と芸術家の身体によってコミットされた現前の徴《シーニュ》のもとで隣り合うからだろう。だが、それだけでは両者のより重要な近似を正当化するには不十分である。だとすれば、この問いに意義を与えるものを別の

＊1　「戦争術」の原語 l'art de la guerre は孫子の兵法のフランス語訳のタイトル、「生の芸術」arts vivants は直訳すれば、「生きている芸術」だが、演劇、ミュージカルなど、舞台や空間上で行われる芸術の総称、すなわち舞台芸術で、英語の performing arts にあたる。

＊2　ビデオアートの父ナム・ジュン・パイク（Nam June Paik　一九三二―二〇〇六）とアメリカのチェリスト、シャーロット・モーマン（Charlotte Moorman　一九三三―一九九一）による作品。テレビモニターによって作られたチェロをモーマンがトップレスで演奏した。

ところに探さなければならない。

そこで、パフォーマンスという語そのものに立ち戻ってみよう。それはこの語にふさわしい鋭利な刃（*edge of the blade*）を与え、虚構の身振りと、戦争シーンという衝突的かつ殺人的な状況との関係について検討するためである。

言葉に立ち戻ることとは、今日においてはもはや単に辞書を引くことではなく、インターネット上のデータベースをサーフィンすることでもある。グーグルでパフォーマンスと打ち込むと、一連の結果が表示される。たとえば、企業のパフォーマンス、経営のパフォーマンス、社会的パフォーマンス、管理におけるパフォーマンス、商業や金融やグローバルのパフォーマンス等である。

一見すると、創造と演劇芸術の世界を示すものは何もない。だが、検索の精度をあげ、芸術のパフォーマンスに絞れば、あらゆる状況に例外なく当てはまり、社会の認知を得ている定義を得ることができる。パフォーマンスについて語ること、それはプロセス、結果、成功の三点について語ることである。ただし、創造の領域においては、そこに四つ目を付け加えなければならない。それは、創造と戦争のパフォーマンスの関係を問うにあたって決定的な要素、すなわち身体の現前、パフォーマーと呼ばれる演者たちの身体、さらには出来事の創造者の身体である。しかし、パフォーマンスのシークエンスにおいて中心となるのは、観客が占める場所である。そして、この場所の周囲にこそ……おそらく本質的なことがある。

戦争も紛争もまったく問題であるようには見えない。ところが、紛争、戦闘、勝利によってパフォーマンスが純粋にスペクタクル的な状況と最も緊密に結びつくような領域がある。それはスポーツの世界である。そこではパフォーマンスが、対決のフィールド、競合性のドラマトゥルギー、戦闘と勝利の舞台装置を同時に規定し、限界への挑戦の名のもとに行われる。そのとき、観客に何が起こるのか。じつはそこにこそ、ギリシャ的な意味で passionelle〔興奮した〕[*3] と呼びうる場所を観客に割り当てる一つの体制がある。スポーツのパフォーマンスとは、複数の身体を集合させ、その内奥において喜び、不安、さらには恐怖を体験させることで、暴力を排除することなしに、彼らとの一体感を社会体に呼び起こすスペクタクルである。したがって、このパフォーマンスは、分かちがたい二つの帯域からなる。パフォーマーの側で行われることが、観客の側で行われることと解きほぐしがたく結びついているのだ。それゆえ、紛争や殺人に直面するパフォーマンスを問うためには、導きの糸を別のところに探ることにしよう。それには、パフォーマンス

＊3　フランス語の passion の直接の語源ではないが、類縁関係にあるギリシャ語の πάθος（パトス）は、受動的・感情的で一時的な状態や経験を意味する。元々は、よい意味でも悪い意味でも用い、苦しみだけでなく喜びも表す。また、そこから苦痛や興奮状態を示す。派生する意味は多いが、アリストテレスの『弁論術』は「パトス」を聞き手の感情に訴えかける説得術として、理屈に訴えかける「ロゴス」、話し手の人柄による説得「エートス」と並んであげている。新約聖書ではもっぱら悪しき情念として用いられる。

のアングロサクソン的領域から離れ、ラテン語やギリシャ語の語源に立ち戻らなければならない。そうすることで、暴力と死の処理と、観客が占める場とをつなぐ結び目をほどくことができるだろう。

ラテン語 *performare* の意味は、「完全な形態を与えること」である。そこには形態という概念が強く見てとれるが、このことが示しているのは、プロセスがまず形態の贈与であること、形態は過程《プロセス》の結果であって、成功した過程とは、形態の遙か遠くから出発して、形態に達するということだ。「per」という接頭辞は、この形態が終結であり、ある道のりを横断した成果であることを意味する。つまり、ほとんど形態がない状態から、さらに言えば不定形なものから完成した形態へと移行することがパフォーマンスの特徴的な操作であることを、この語は示している。したがって、ここで遡って考察すべきは、この不定形なものの性質、カオスであると同時に不確定なものから来る何か、形づくる《フォルマン》身振り、形を仕上げる《ペルフォルマン》身振りの源ないしは起源である。この運動は、物語や作品において、不定形な素材やカオスから生き生きした意味作用をもつ形態の出現へと向かう過程を示すものと近い位置にあるように思われる。ここで思い起こされるのは、キリスト教の寓話が復活について語ったこと、つまりかつて似姿《イメージ》にすぎなかった者が死から生へと移行する物語である。かつて情念=受苦とはプロセスであったが、復活した者はいまや疑いもなく真のパフォーマーである。彼の行動は時間のうちに書き込まれ、反復不可能なスペクタクルとなり、その宛先を受け入れるすべての人の生を変えようとするからである。だが、この前提を受け入れようとすれば、私はすぐさま別のことを思い起こさずにはいられない。キリスト教よりもずっと前に、同じ領域においてギリシャ語が響かせていた意味合い、芸術の身振り、フィクション、社会的つながりに関するパフォーマティヴなスペクタクルの演出と関係するものである。私が考えているのは、アリストテレスによるペライネインという動詞の使用法であり、彼はそれを『詩学』の論考でカタルシスの働きを定義する際に用いた。ギリシャ語のペライネインは、ラテン語のペルフォルマーレ *performare* と同じく、二つの参照項に基づいて構成される。[*4] 行動と、その遂行ないしは帰結である。ペラスとは限界を意味し、アペイロンと言えば、いかなる限界も、形態も規定もないものを示す。それはテロス〔目的、終焉〕を欠くもの、つまりプロセスの帰結点と到達点を示す有限な形態を欠くものとしての無際限である。アリストテレスは、カタルシスであるところのもの、つまり、まさしく寓話によって行われる解明の体制と、最悪の対立や果てしなき犯罪の領域に関するロゴスについて検討する際に、現代的な意味におけるパフォーマンスとして悲

＊4　Perainô は「peras（終点）まで行く」であり、「完遂する」「話を終える」の他に、「海を渡る」などの意味もある。出典は『詩学』1449 b 27–28.　δι᾽ ἐλέου καὶ φόβου περαίνουσα τὴν τῶν τοιούτων παθημάτων κάθαρσιν（傷ましさと恐れを通じて、そのような諸感情の浄化を達成する）

劇を定義しているように思われる。それは、まさに観客を前にして対立的で殺人的な展開を舞台にのせ演じることであるが、その時間的プロセスは観客に作用し、結果的に観客は、あらゆる主体に宿る殺人欲動である不定形なものの運命の重みから解放される。そして、その同じ動きで市民のポリス共同体は、紛争の解決と社会的平和を正義が担うような空間と時間を共有することになる。パフォーマンスは共同体それ自身にとって、形態を変化させるものなのだ。

私は別のところで、ペライネイン・カタルシンを徹底操作《ワークスルー》（perlaboration）[*5]という語に翻訳するよう提案したことがある。その語自体、*Durcharbeiten* というフロイトの用語をフランス語に訳した人たちによって選ばれたものだった。*Durcharbeiten* という語は、次の二つのことがらを指している。達成すべき作業があるということ、そして、この作業は完成をめざす横断であり、不定形なものから形態へ、暗闇から光へ、あるいはこう言ってよければカオスから象徴的形態へのプロセスである、ということだ。

ここでは、このような道しるべとなる源泉をさらに深く分析するのではなく、そこから出発して演出に関する四つのケースを提示したい。そのうちの三つには、私見によれば、それぞれ儀式的身振り、政治的身振り、芸術的身振りの響きが聞き取れる。それらは、それぞれの仕方で固有の枠組みにおいて、真のパフォーマンス的エネルギーを、さらに言えば、パフォーマティヴなエネルギーすらを発揮している。パフォーマティヴとは、言語哲学が象徴的身振りのもつ操作的価値と現実的実効性として示した意味において、である。とはいえ、ここでオースティンの論拠を繰り返したり、有名な「いかにして言葉でものごとを行うか」[*6]というフレーズで表されるように、言葉だけで現実的なものを作る能力を言語的身振りのみに付与したりすることはせずにおこう。むしろ、パフォーマティヴィティの問題を、本書が検討する主要な様態、すなわち、スペクタクル、演出の様態のほうへとずらし、フィクション的イメージが「かのように」によって実現する操作に注意を向けてみたい。「いかにしてイメージでものごとを行うか」、あるいは、「見せる方法とは行う方法である」。さらには、細部を明確にして、あえて特徴を際立たせてみたい。「いかにして見せるか、それはたんに見せることではなく、するようにさせることである」、と。人は

＊5　精神分析家のラプランシュとポンタリスによって、Durcharbeitung というドイツ語を翻訳するために作られた造語。ジークムント・フロイト「想起すること、反復すること、ワークスルーすること」、藤山直樹編集・監訳『フロイト技法論集』岩崎学術出版社、二〇一四年を参照。このドイツ語も performare や perainein と同じ構造を持っている。Durch は「通して」であるから、徹底的に働くという意味になる。M.-J. Mondzain, *Le Commerce des regards*, Seuil, 2003, p. 106–135.

＊6　オースティンの著作『言語と行為』の原題（*How to do things with words*）。J・L・オースティン『言語と行為――いかにして言葉でものごとを行うか』飯野勝己訳、講談社学術文庫、二〇一九年。

イメージの操作から、パフォーマティヴな力を期待する。だとすれば、ある形態によって操作されたフィクション的なずらしが完遂されたとき、つまり観客と現実そのものとの関係をずらすことに成功したときに、パフォーマンスがあるということになる。それは、毛沢東主席の例の表現を借りて「思考の移動《ずらし》」*7と言ってもよいだろう。もっとも、毛沢東は思考の象徴的移動を担保することにはほとんど関心がなかった。現実の身体を農村地方に送るだけで、思想を純粋化し、明晰化するのに十分だと考えていたからだ。実際、演出や演技によって現実となる実効的な操作を分析するには、観客や俳優がいる場所の可動性に関する分析が不可欠だろう。

以上の三つのケースから出発して、さらには四つ目のケースを検討する。それはフィクションの体制が倒錯的とでもいう形で転倒したケースである。現実のほうがパフォーマンスの徴《シーニュ》のもとに生産され、いかなる移動も奪われた観客が不定形なものの人質として引き留められる。私の目には、この状況は、グローバル化した報道のドラマトゥルギー的ネットワークによる戦争の現況《アクチュアリティ》の扱い方、とりわけ中東の軍事作戦《オペレーション》の領域におけるものだと映る。恐怖、ポボス〔ギリシャ神話、古くは敗走を表す神だったが、後に混乱、狼狽、恐怖を表す「恐怖の神」〕の支配は、テロリズムを根本的にスペクタクル的な領域としたのであり、それはどんな徹底操作《ワークスルー》によっても近づきえないものなのだ。

パフォーマンスがキマイラ的問題であるとき

ここで挙げる第一の例は、かなりよく知られているペルーの儀式、観光の対象にさえなっているあの「血の祭り」である。それは一つの闘いの暴力であり、それを構成する次元である。この祭りはペルーの人類学者や歴史家たちによって研究されてきた。アントワネット・モリニエ[*8]は祭りの矛盾した歴史を研究で明らかにしている。この儀式的祭りは、一六世紀にスペイン人植民者たちによって牛と闘牛が持ち込まれたときに生まれ、一九世紀から二〇世紀にかけて先住民であるインディオの運動によって事後的に、植民地化以前のインカの神話を象徴する儀式となった。そのドラマトゥルギーの流れを要約すると次のようになる。山を標高四〇〇〇メートル以上まで登る。馬を生け贄にして屠り、その臓物でコンドルを引き寄せる。コンドルに肉をたらふく食わせ、ビールで酔わせて捕まえる。しこたま酔って捕まったコンドルを携えて、司祭たちは山から村へ

＊7　著者は毛沢東が行った思想政策「上山下郷運動」を念頭においているように思われる。「上山下郷運動」は、都市部の青年層を農村部に送り、肉体労働を通じて思想改造を行うというものであった。

＊8　アントワネット・モリニエ（Antoinette Molinié　一九五〇―　）　フランスの文化人類学者。フランス国立科学研究センター（ＣＮＲＳ）の名誉研究員。主な研究テーマはアンデスの伝統文化、とくに儀式の研究。

と降りていく。そこでは雄牛が待っている。両足を結ばれたコンドルは、雄牛の背の上に肉の奥深くまで縫い付けられる。こうして闘牛が始まるが、雄牛は背にくくりつけられたコンドルとともに闘う。いわば翼をもつ雄牛だが、まるで鳥と哺乳類の混成から生まれたキマイラである。闘いが終わり、雄牛が死ぬと、勝利したコンドルは山の頂きまで再び連れて行かれて解放される。そのとき、片脚に印を付けるが、それは翌年同じコンドルを捕らえないためだ。この儀式は元々の形態が守り続けられているが、それはスペイン的なものの外で闘牛を取り入れることが重要だからだ。植民者からパフォーマンスを借用しながらも、その意味が反転し、植民者に対するコンドルの勝利が演出される。ただし、儀式の後付けの解釈によって雄牛の現前の意味が転倒して土着性の象徴となるのは、スペクタクルそのものが横滑りや象徴的多義性を起こしうるからだ。血まみれとなった冥界に住むこの哺乳類は、インカの大地の豊饒な力の名のもとに捧げられた雄牛である。他方で、コンドルは宇宙空間のエネルギーから天空の自由を取り戻す。このパフォーマンスの核心は、一方が歴史的かつ政治的であり、もう一方が神秘的であるような異なる二つのシステムにとって基盤となる二重の象徴的操作の結び目なのだ。しかし明らかなのは、スペインによる植民地化からの解放のドラマトゥルギーが、インカのアイデンティティの神話的な権利主張を基盤としていて、それが雄牛を想像上において原初的な神性のアルカイックな形象《フィギュール》としていることである。この神話による歴史の多元決定は、コンドルを雄牛に縫い付けることによって象徴化、形象化され、ほとんど矛盾した二つの仕方で機能する。というのも、雄牛との関係において、コンドルは囚われの身であると同時に勝利するからである。つまり、これはまさに儀式的パフォーマンスであり、それに直接参加する共同体の村人たちは、毎年行われる一連の行事の際、歌い、踊り、酔いながら、あらゆる支配への抵抗の原理を鋳なおし、この抵抗が神話的過去に錨を下ろしているものだと示すことで、異教的な主権を想起させるのだ。翼をもつ雄牛のイメージは人類学ではよくある形象《フィギュール》だが、ここで興味深いのは、ある共同体にとって多義性が生みだされる過程《プロセス》である。共同体は、儀式を我が物とした後、集団的想像のうちでそれを変形してゆき、再解釈する。イメージは作用するのだ。イメージを示すことで、人は行動し、参加者を行動させるのだが、それは儀式の間だけのことではない。農耕の身振りと愛国の身振りに同一の形態を与えるのだ。まさにこの徴《シーニュ》のもとに、「血の祭り」のパフォーマンス的次元を見出すことができる。しかしながら、儀式的パフォーマンスが観光客のための、注文を受けてのスペクタクルとなったときから、供犠の暴力は祭りの当事者たちにとってすっかり意味を失ったことは認めなければならない。いまや「血の祭り」は、あらゆるアイデンティティと解放に関する喪の儀式にも見えてしまうのである。

パフォーマンス、カーニヴァル的かつ政治的事象

劇化された戦闘装置

二番目の例として取り上げたいのは、ジャン・ルーシュの『狂気の主人たち』[*9]という謎めいた題の作品に収録された特異な「祭祀《セレモニー》」である。映像化されたパフォーマンスのもつ闘争的な企図《プログラム》は、ある程度、映画の題名そのものに含まれている。ガーナのアクラ郊外で、男たち、つまりハウカたちが日曜日にトランス状態になり、大英帝国の支配によって植民地化されたガーナ人たちの状況の模倣にしてパロディーにしてカタルシスでもある場面を繰り広げる。時は一九五六年、民衆は最高潮の興奮状態にあり、衣装と身振りと供犠による演劇を街の外に創造する。パフォーマティヴなシークエンスは、アクラ郊外で行われた。秘儀参入者たちはトランス状態で植民地装置の構造を再現するが、それは批判的な仕方で、つまりパロディー的で幻覚的な様態でなされる。これは儀式というよりはむしろフィクションの装置であり、偽装と擬態がカーニヴァルの調子で主人たちの権力を奪う。カーニヴァル的パフォーマンスは何世紀も前から世界中で行われている民衆の様式である。それは、時間的に限定されたなかで、一つのシークエンスをあたかもスペクタクルであるかのように構築することである。ただし、特徴的な性質が付加される。無秩序、カオス、不定形なものを生み出すことによって、支配の転倒、場所の交代、主人たちをコ

ケにすることを演出するのである。

これはきわめて複雑だ。パフォーマンスが主人たちの無秩序の形象に形態を与えるからである。狂気の人々はどこにいるのだろうか。大英帝国当局や、隷属的な狂気を示しているくだらない軍事パレードの側だろうか。それは確かだ。けれども、それを実演し、活かすためには、このグロテスクな権力に従う人々もまた、恍惚やトランスといった狂気の状態になる必要がある。パフォーマンスは幻覚の実践であり、そこが自分の場所だと思っている者をそこから追い払い、主人の場所にしもべたちを据える。この闘争的な乱痴気騒ぎの演出に困惑を覚えるのは、この演出が矛盾した二つの操作に属しうるからだ。あらゆるカーニヴァルと同様、この演出は、既存の権力にとって安全弁の役割を果たす。翌日にはすべては元に戻るからだ。ルーシュ自身、この原状回復

＊9　ジャン・ルーシュ（Jean Rouch　一九一七―二〇〇四）　フランスの映画監督、文化人類学者。マルセル・モースとマルセル・グリオールに学び、フランス国立科学研究センター（ＣＮＲＳ）で西アフリカとフランスを対象に研究に従事する一方、シネマ・ヴェリテの手法を確立し、ヌーヴェル・ヴァーグとも関わりながら、一五〇本もの映画作品を制作した。『狂気の主人たち』は、一九五四年の作品で、原題は*Maîtres fous*。二〇〇五年に国立民族学博物館で行われたジャン・ルーシュ回顧上映会での邦題は『狂気の主人公たち』。テーマとなるのは、「ハウカ」と呼ばれる西アフリカの宗教儀式で、植民地時代にニジェール川流域の精霊信仰がイスラム教と結びついて生まれたものである。

を示そうとやっきになっている。「かのように」の祝祭は、あたかも何事もなかったかのように行われる。ルーシュの穏健な結論は明らかだ。「彼らは、動物にならずに済み、環境にすっかり溶け込むことを可能にするような薬〔解決策〕を知っているのだろうか」と。しかし私はそれとは反対に、それは革命的エネルギーの貯蔵庫かもしれないと考える。その場合、狂気に駆られた主人たちは変容の先駆けをなす者であり、本番前のゲネプロ、反逆の非合法な実験を行っている俳優として捉えることができる。だとすれば、パフォーマンスが提起するのは、まさに演じられるものが政治的に働いているのかどうか、またこの操作が統合の身振りなのか、それとも解放の身振りなのかを知ることである。この映画の両義性は、二つの場面で戯れている映画作家の現前のあり方に由来する。つまり、彼は典礼の禁域を侵しているが、その中心的問題からは距離をとったままでいる。それでいて、儀式そのもののパフォーマティヴな次元を感じないでいるというリスクを冒しながら、自分が見たものについてコメントしたり解釈したりする。そのため、彼は多くのガーナ人から非難されたのだ。

戦争の神話から芸術家のパフォーマンスへ

以上の二つの例では、儀式的かつスペクタクル的な身振りは、厳密に言えば、芸術性、すなわち、美学的で普遍的な価値を狙ったものではない。以下に取り上げる例は、パフォーマンスがその芸術的かつ政治的野心のなかで、特異でローカルなものから普遍的なものへと移行するケースだ。映画作家アッバス・キアロスタミ[*10]が取り上げたイランのターズィエを見てみよう。イラン全土で毎年行われるこの祝祭は、西暦六八〇年、ヒジュラ暦五八年一〇月一〇日にイラクで起きたカルバラーの戦い[*11]を記念するものである。ヤズィードによって〔第三代〕イマームのフサインが斬首されたが、これがシーア派の実質的な創設の日付とみなされる。つまり、戦争、歴史的殺戮、現実的ドラマが、シーア派にとって創設の指標点として使われたのである。この出来事は、アーシュラー〔ムハッラム月（一年で最初の月）の十日目〕の宗教行事として取り上げられた。そこでは戦士、軍隊、服装、馬、そしてとりわけ、この国民的・宗教的ドラマの記憶を記念する歌と叙唱によって、カルバラーの戦いが再現される。大規模なスペクタクルであり、そこに参加するイランの民衆たちは激しくエモーショナルな状態になり、ほとんど神秘的な宗教的熱狂を帯びる。イマー

＊10　アッバス・キアロスタミ（Abbas Kiarostami　一九四〇―二〇一六）イランの映画監督。カンヌ国際映画祭でパルム・ドールを受賞した『桜桃の味』などで知られている。

＊11　四代目カリフ・アリーの血を引く者のみをムハンマドの後継者であり、指導者イマームであるとするシーア派は、対立するウマイヤ家のカリフを認めず挙兵するが、三代目イマームのフサインはイラク南部のカルバラーで敗れ、戦死した。

ム・フサインの斬首は敗北の物語であるが、それはペルシャ国民のアイデンティティ創設の物語であり、スンニー派との訣別の物語でもある。この祭りは、それだけで本来の意味でのパフォーマンスに変容した戦争として分析できるかもしれない。というのも、たんに記憶を保持するだけではなく、シーア派共同体の結束を再建することが問題だからだ。私のここでの関心は、キアロスタミによるこの祭りの取り上げ方である。彼はこの国民的パフォーマンスを国際的インスタレーションに変身させた。キアロスタミは、二〇〇三年にイタリアのテアトロ・ディ・ローマの委嘱を受け、ターズィエを撮った。彼は巨額の資金を自由に使って、六つの超大型スクリーンからなる装置を設置した。舞台でターズィエが上演される間に、スクリーンにはイランの伝統的な公演の際に撮られた村人たちの顔が映し出された。

この国境を越えた共鳴の経験に続いて、キアロスタミはこのスペクタクルの新たな提示の仕方を考えた。彼はこれを「演劇－映画」の新たな形態として語っているのだが、それは同時にビデオ・インスタレーション、撮影された演劇、ドキュメンタリーである。まさにこのジャンルの混淆こそが、新たなパフォーマンスを定義するように思われる。一つの演劇と三つの画面《スクリーン》。三つの画面は、一つのモニターと、そのモニターの小さな画面の両脇に置かれた二つの巨大なスクリーンである。(1)

キアロスタミはターズィエを撮影したわけではない。ローマの公共空間や、パリのボブール

〔ポンピドゥーセンター〕、ブリュッセルの新文化スペースにシンプルなテレビモニターを置き、観客席がしつらえられたイランの巨大な野外劇場で行われる宗教行事をそのまま中継したのだ。したがって、最初の設置《インスタレーション》の身振りは、モニターの画面を置く身振りであり、その大きさは家庭にあるテレビほどで、公的な空間向けのスクリーンではない。私的なものと公的なものの間に見られる規模の変化は、国民的なものと国際的なもの、より正確に言えば、芸術家の精神における個別的なものと普遍的なものの間の転換を示す印として利用される。観客たちは、地面に置かれたモニターの高さにあわせて地べたに座らされ、ターズィエの中継が字幕なしで上映される。その結果、多くのヨーロッパ人の観客にとって、視界のなかに入るものは理解不可能で、完全に奇妙なものである。ターズィエの現実が、イランの民衆に向けて放映されるがままに、かなり質の悪いカラー映像でわれわれのもとに届けられるのだが、それはわれわれがその鍵を持たない叙事詩的フィクションである。この「読解できない」スクリーンとわれわれの関心を引かない物語を近くに配置したキアロスタミは、横長の土台の上に二つの巨大な長方形のスクリーンを設置し、両

（1）　たとえば、二〇〇四年、ブリュッセルでの芸術フェスティヴァル、続いて二〇〇七年三月、トゥールーズでのTNT、二〇〇七年九月、ポンピドゥーセンターで開催されたヴィクトル・エリセ／アッバス・キアロスタミ展覧会、二〇〇八年、エジンバラ・フェスティヴァルでの展示のように、このインスタレーションはスクリーン三つの体制で行われている。

者の間に何もない空間を配した。これらのスクリーン上に、アーシュラーの祭りの日のイランの観客たちが現れる。左側には彼女たちの観覧席にいる女性たち、右側には彼らの観覧席にいる男性たち。こうして、彼らの存在によって、儀式のパフォーマンスは映画のインスタレーションへと変わる。二つの巨大なスクリーンに映し出されるイランの観客たちは、古代ギリシャ語でいう合唱隊《コロス》を形成している。この作品は、古代ギリシャ悲劇のコロスに直接着想を得たものだ。民衆は参加を表明し、自分たちの場所を占め、示されるものにエモーショナルに反応する。目的は、疑いなく、イランおよびシーア派のあらゆる敵と戦う「バスィージ」[*12]という軍人を作り上げることにある。悲劇の合唱隊《コロス》は個人たち、その匿名の神秘において忘れがたい顔たちからなっている。意図的に芸術的な形式において……宛先の決定的な移動が行われ、イスラム教徒でもイラン人でもない観客が、パフォーマンスの想像的で普遍化する光景のなかで起こることとの直接的な主役となる。二つのモノクロ・スクリーンに現れるのは、イラン社会の現実である。男性と女性の分離、黒ずくめの女性たち、戦争のシーンを前に情動に強く揺さぶられる群衆、こういった現実。しかし、それぞれの観覧席において展開するのは、巨大な悲しみのトランス状態であり、哀悼と喪の時代を超えた形象《フィギュール》である。子供たちは黙りこくり、女性たちはヴェールを被ったまま身を寄せ合い、泣きながら頭を抱える。巨大な痙攣が共同体を襲っているのだ。それに対して、右側のスクリーンでは、男たちや彼らの息子たちが、苦しみに顔をしかめ、紛れもなく嗚咽し、あらゆる隔たりを消滅させる情動的な破局《カタストロフ》を彼らの女たちと分かち合う。ヨーロッパ人の観客たちは、私もそうだったが、共有される喪の抗いがたい波にゆっくりと浸されていった。国境なき共同体が、宗教、言語、歴史、社会のあらゆる参照項を越えて機能したのだ。パフォーマンスは、まさにこのインスタレーションのパフォーマティヴ性のうちにある。儀式なり偶然なりの状況をこえて、芸術の身振りが書き込まれるとき、まさにアリストテレスの「ペライネイン・カタルシン」がここで意味を取り戻すように思われる。今日、私たちが、カルバラーの戦いが想像的で破壊的な仕方で中東の最も現実的な戦争と犯罪に養分を与え続けていることを知りうる位置に置かれているだけに、よけいにそうだ。芸術のパフォーマンスは直接的に政治的身振りとして作用するのだが、それは分割されたもののあらゆる帯域と、支配のあらゆる形象《フィギュール》とを結びつける形態の力によるものである。分有に関する普遍的なイメージを生み出すこと、それがパフォーマンスの最も積極的な定義づけだろう。

おそらくこのような徴のもとで、『狂気の主人たち』をターズィエに近づけることができる。とはいえもちろん、それはその内容や参照項に関してではなく、撮影者やパフォーマンスの設置者《インスタレーター》の姿勢や位置に関してである。ルーシュもキアロスタミも演出家である。キアロスタミはみずか

＊12　イラン革命後、ホメイニーの命によって創設された革命防衛隊の管轄にある民兵組織。

らの位置と監督を明らかに引き受けている。それに対して、ジャン・ルーシュは、自分が見ることを許可されたものの前で姿を消しているように見える。ある意味で、彼は、彼自身が私たちに与えた場所に身を置くのだ。入ることを許され、許容されている観客の場、それこそ分有の光景であるように思われるかもしれない。だが、分有の光景はそういうものではまったくないと私は思うし、事実、ルーシュはこの祭祀の報道のうちに遍在している。フレーミング、モンタージュ、とくに音声《ボイス》が、まなざしを監督し、形〔情報〕を与え続けるのをやめないのである。明らかに、この映画を見るときのわれわれの関心は、野蛮なトランス状態という純粋にエキゾチックな奇妙さにではなく、私たちにも関わる困惑させるような分有、つまり、解放という目標のなかにあるカーニヴァル的なあらゆる身振りがもつフィクションの暴力を示す分有に向けられている。このパフォーマンスは私たちを脱植民地化の身振りに参加させようとするが、その指示のエネルギーは被植民者自身に由来するのだろう。にもかかわらず、文化人類学者であるドキュメンタリー作家の位置は、いぜんとして曖昧なままにとどまっているから、それはときにアフリカの観客から批判されることになる。カタルシスのパフォーマンスは、ガーナの民衆にとって内的な事象にとどまるべきものなのだ。だが、これこそキアロスタミが乗り越えようとしたものであり、彼はパフォーマンスをまさに普遍化へと向かう訓練にしたのだ。ここで、南アフリカの芸術家ブレット・ベイリー[*13]が企画したパフォーマンス『Exhibit B』に関するアクチュアルな議論をしてもよいかもしれない。それは、いま禁止の脅迫を受けるほど暴力的な論争の対象となっている。

最悪なもののスペクタクル的反パフォーマンス

以上の、かなり限定的だが恣意的ではない(と私としては思いたい)三つの例を土台に、続いて言及したいのは、今日パフォーマンスと戦争の暴力の問いに直面しているわれわれの状況である。これは二〇〇一年九月一一日以降のことである。実際、二〇〇一年九月一六日にハンブルクで開催された記者会見で、オペラ作品群の『光』の上演の際、作曲家カールハインツ・シュトックハウゼン[*14]は、9・11テロ事件を「あらゆる時代の最も偉大な芸術作品」と形容した。「あそこ

＊13 ブレット・ベイリー(Brett Bailey 一九六七―) 南アフリカの演出家。『Exhibit B』はピーター・ブルックが「並外れた作品」と評するなど、一部で高い評価を受けたが、ロンドンのバービガン・ギャラリーでの展示は、この作品が人種差別的だとする激しい抗議活動により、中止を余儀なくされた。

＊14 カールハインツ・シュトックハウゼン(Karlheinz Stockhausen 一九二八―二〇〇七) ドイツの現代音楽の作曲家。ノーノやブーレーズとともに「前衛音楽の三羽烏」とみなされ、電子音楽の父としても知られている。『光』は、一九七七年から二〇〇三年にかけて作曲された、七つのオペラから構成される連作。9・11のテロ事件について「偉大な芸術作品」と発言したことが批判された。

で起きたことはもちろん――今、誰もが脳を調整しなければなりませんが――、かつてない偉大な芸術作品です。一つの行動で、私たち音楽家が夢にも思わなかったことを成し遂げたのです。連中はたった一回のコンサートのために十年にもわたって狂信的に練習した。そして、死んでいった。そして、それは、全宇宙にかつて存在した芸術作品のなかで最も偉大なものになった。そこで起きたことを想像してみてください。このたった一回のパフォーマンスにこれほど集中する人々がいて、五千人を〈復活〉へと連れ去っていった。たった一瞬でです。私にはとうていそんなことはできなかった。それと比べたら、私たち作曲家は無力です。[…] もちろん、これは犯罪です。というのも、人々は同意していなかったからです。「コンサート」に来たわけではないからです。それは明らかです。そして「あなたたちはプロセスのただ中で殺されることになっている」と告げるものは誰もいませんでした。「私たちが立ち会ったのは――あなた方はいまや完全に物の見方を変えなければなりません――、これまでなされたなかで最も偉大な芸術作品です。連中はたった一つの行為で、私たち音楽家が思いつかなかったことをやってのけました。彼らは十年間狂信的に、一回のコンサートのために訓練をつみ、そして死んだのです。[…] そこで起こったことを想像してみてください。人々は、たった一回のパフォーマンスの演奏にこれほどまでに専念し、そうすることで五千人もの人たちが〈復活〉へと導かれました。一瞬のうちにです。私にはそんなことを行うことはできません」。

記憶に新しいこの声明は、抗議の怒号を引き起こし、ある音楽家集団が宣言を十月一六日付『リベラシオン』紙に発表した。[*15] 以下がその宣言である。

「ドイツ人将校がパブロ・ピカソに、『ゲルニカ』をつくったのは君かねと尋ねたとき、画家は、「いや！　君たちだ！」と答えた。音楽家はあらゆる芸術家と同様に、例外的な存在ではありえない……。音楽家たちのなかには、有名な者も無名な者も、社会的行動《アンガージュマン》をすることで際立つ者がいる。アルジェリアの拷問やボスニアにおける民族浄化に反対したり、不法滞在者の援助を行うことによってだ……。われわれがシュトックハウゼンに言いたいことは、演奏家は作曲家によって書かれた楽譜と聴衆との間の必要不可欠な伝達の代理人である、ということだ。演奏家は作曲家の名声、彼の作品と教えを世に知らしめることに参与している。しかし、演奏家は市民でもあり、作曲家の臣下ではない。飽くことなく楽器を奏でるのは、できるだけ多くの人のためにであり、それは不安定な社会的身分と些少の出演料によってなされている……。シュトックハウゼンはハイデガーでもセリーヌでもない……。彼は祈りのなかに生き、いつかきっとニューヨークの犠牲者たちに捧げる作品を作ることだろう……。しかし、私たち音楽家は、禁止や焚書に賛成な

---

*15　« 11 septembre : la fausse note de Stockhausen », in *Libération*, le 16 octobre, 2001.（https://www.liberation.fr/tribune/2001/10/16/11-septembre-la-fausse-note-de-stockhausen_380588/）

わけではないし、彼の作品を演奏し続けるだろう。彼の発言に衝撃を受けたにもかかわらず、一月にパリで彼の音楽を演奏する予定だ。だが、彼の〈逸脱〉はわれわれの記憶にずっと残るだろう」。

署名者は、アラン・ダミアン、アラン・ビヤール、アントワーヌ・キュレ、ピエール・ストローシュ。一九七六年、ピエール・ブーレーズの創設したアンサンブル・アンテルコンタンポランのソリストたちである。[*16]

ここで問題は唐突に提起されている。現実をパフォーマティヴに処理すること、この処理とフィクションの関係が転倒された形で提起されている。それはもはや、思考による形態の贈与でも、取り扱い不可能な現実に関する創造的身振りでもない。不定形なものの大規模な拡散こそがフィクションの特性を身にまとっているのだ。いずれにせよ、9・11事件直後の世論がはまり込んでいた情動的《エモーショナル》な状態において、シュトックハウゼンの発言は、その逆説的な挑発のために、誤解されるほかなかった。ただし、この作曲家が理解していたのは、9・11のシナリオを実現した者《レアリザトゥール》〔監督した者〕たちは、ある歴史のスペクタクル的場面に場所を占めることに成功したということだ。いまや彼らが、地球上のあらゆる観客たちがその歴史に関して抱くフィクション的妄想《ファンタスム》を管理することになる。シュトックハウゼンは、犯罪者たちにオマージュを捧げようとしたのではなく、新たな演出家たち、ジャン＝リュック・ゴダールが『アワー・ミュージック』[*17]と呼ぶ音楽の新たな作曲家たち、地球規模の感情の新たな指揮者たちが、まさにこの日、全世界のまなざしと耳に、物事の新たな秩序の合図を送ったと言いたかったのだ。彼らが新しく占めた場所は、あらゆるクリエイターに向けられた警告にしかならなかったが、今ではクリエイターたちは音とイメージの新たな形態を発見しなければならない。見えるもののパフォーマンスと解放の次元が維持されることを望むならば、である。シュトックハウゼンはメディア的手段の絶大な力を前にし

＊16　ピエール・ブーレーズ（Pierre Boulez　一九二五年―二〇一六年）　フランスの作曲家。現代音楽を代表する人物の一人で、指揮者としてもニューヨーク・フィルハーモニーで活躍する一方、コレージュ・ド・フランスの教授やフランス国立音響音楽研究所（ＩＲＣＡＭ）の創立者で所長を務めるなど、要職を歴任した。アンサンブル・アンテルコンタンポランは、一九七六年に現代室内楽の演奏と普及を行うためにブーレーズによって創設された。演奏活動のみならず教育活動などにも従事している。

＊17　ジャン＝リュック・ゴダール（Jean-Luc Godard　一九三〇―　）　フランスの映画監督。一九五〇年代から現在に至るまで、映画芸術の新たな表現を革新し続けている最も重要な映画作家の一人。『アワー・ミュージック』（原題は Notre musique）は、アメリカ同時多発テロ事件以後の世界に向けて描いた二〇〇四年の作品。ニュース映像から劇映画まで、虚実ない交ぜになった仕方でコラージュされた断片的映像や、「切り返しショット」という映画的手法を、イスラエルとパレスチナ、ユダヤとアラブといった世界の対立構造になぞらえながら講義するシーンが含まれるなど、ハリウッド的な「戦争映画」とはまったく異なる形で描かれている。

た無力感について告白している。音の帯域《トラック》と映像の帯域《トラック》が全体《トータル》スペクタクルを構成する。それは悪魔的で魅惑的なオペラだ。

そこで、この新たなメディア状況に対する演劇界とパフォーマンス界からなされた数多くの応答のうち、二つの例を取り上げてみたい。

最初の例は、デンマーク人のクリスティアン・ロリケ[*18]である。彼は、世界的なエンターテインメントの製品となっている暴力の演出について検討し、それをここ二〇年の芸術作品におけるスペクタクルの過当競争と関連づけている。二〇一三年、『傑作』と題された戯曲でロリケは、世界貿易センタービルの崩壊、ルワンダ虐殺、チェチェン戦争のイメージを召喚した。彼はドラマトゥルギーのなかに、現代の芸術家たちによるパフォーマンス、ボディアートを含むコンテンポラリーアーティストたちのパフォーマンスを導入した。この作品に関する批評文から描写を引用しよう。「作品の本題に先立つ数分間は長い、長すぎるくらいだ。もの凄い音量の音楽、見る者を不安にする照明、役者たちの反復的アクション。それはいわば、世界貿易センタービルに飛行機が衝突するまでの、いやおうなく死に近づく際の乗組員、乗客、テロリストたちにとっての果てしなく感じられた数分間の演劇的等価物なのだ。観客は、絶対的な暴力によって動けぬまま釘付けになり、猛烈な勢いで押し寄せる社会学的な報告の波に呑み込まれる。その報告は、現実《リアリティ》とリアリティ・ショー、個人の言葉《パロール》とメディアの言説、非人間性の限界にまで推し進められた芸術の創造と計画されたテロの行動のもつ諸力を比較したものである」。

最近の別の作品で、ロリケはアンネシュ・ブレイビクが計画・実行したノルウェーの残虐事件[*19]を取り上げた。この作品はブレイビクの手記から『マニフェスト 二〇八三』と名付けられた。ロリケはこの作品について次のように述べている。「ノルウェー連続テロ事件によって私は大きな衝撃を受けました。テレビを見て私は凍りつき、多くの人と同様、震えながら「なぜ?」という大きな疑問を抱きました。この「なぜ」こそ、私が問うてみたいものです。私たちはブレイビクの言葉と思考を調査し、彼の動機に沈潜してみました。彼の行動は残酷ですが、この行動を動機づけた精神はけっして特別なものではありません。再発する可能性があるものです」。ある批評家はこのスペクタクルを次のように紹介している。「リヨンの劇場「レ・ザトリエ」の舞台で、カールハインツ・シュトックハウゼンの『ヘリコプター四重奏曲』が流れる中、四人の男女の役者が身体と声をオーバーヒートさせて、黙示録的演劇オラトリオを演じ、スペクタクル社会の死と復活を言祝ぐ。これほどいっぺんに多くの観客をのぞき魔に変えるイベントはこれまでなかっ

＊18 クリスティアン・ロリケ(Christian Lollike 一九七三—)デンマークの劇作家、演出家。コペンハーゲンの Sort/Hvid 劇場芸術監督を務めている。
＊19 二〇一一年七月二二日に起きたノルウェー連続テロ事件の容疑者。

た。テロとメディアは共生の関係にあり、両者は相互に依存している。メディアはカメラとジャーナリストを手に入れ、テロリストたちは死体と血を手に入れた。両者はともに、恐れと興奮の電波を放送し、それがテレビ視聴者の神経を日々刺激し、ひどく憔悴させる。だが、私たちは実際のところいったい何を見たのだろうか。一つのイメージだろうか。わいせつなものの母胎の最奥で、私たちはいったいどこにいたのだろうか」。

　二番目の例は、二〇一一年に上演されたヤン・ロワース作品『エンターテインメントの芸術』である[20]。問題となるのは、死そのもののスペクタクルに作用するメディアのエネルギーの力を主題とした、壮大な隠喩的フィクションである。紹介文中のこの作品のレジュメを見てみよう。「ヤン・ロワースによる新たなスペクタクル『エンターテインメントの芸術』の主役はディルク・ローフトホーフト。彼が演じるのは、老境にさしかかった有名人で、人生に終止符を打とうとしている人物である。彼は少しずつ記憶と諸能力を失い、衰弱しながら生きることは望まない。「私はもはや私ではない。それが分からなくなる日もそう遠くはないだろう」。そんな彼に、世界中の視聴者の前で、リアリティ・ショーのスタジオで自死する提案がなされる。『エンターテインメントの芸術』は、地球上で唯一の世界中の視聴者が見る真の自殺ショーだ。女性司会者がアナウンスする。「番組の視聴者は一億人を超えました。今晩にも、一億一千万人に達するのではないでしょうか……。現在、七四カ国で放送されています。ライブで……。人が死にゆくこの番組を何と呼べばいいのでしょうか……」。このリアリティ・ショーは、同時に料理番組でもある——おそらく、現代の「ザ・テレビ番組」だ——、有名フランス人シェフが、来るべき自殺者のために最後の食事を用意する。最後の料理が準備される間、ディルク・ローフトホーフトは、彼が愛する夭折の作曲家ペルゴレージの『スターバト・マーテル』[*21]を聴き、それぞれ特色のある人物たちと会話する。彼の不貞の愛人ジーナ。国境なき医師団のメンバーで、ディルクの自殺を医学的に支援するジョイ。ショーのMCで、人生のくだり坂にさしかかった女優リリアンヌ・ファン・ムンクなどだ」。

シュトックハウゼンの声明、二〇一一年のロリケの作品、ヤン・ロワースの作品を見てきたが、

---

*20 ヤン・ロワース（Jan Lauwers 一九五七— ）ベルギーの演出家。パフォーマンス集団ニードカンパニーを創立。舞台作品のほかにも映画やビデオ作品なども多数制作している。

*21 ジョヴァンニ・バッティスタ・ペルゴレージ（Giovanni Battista Pergolesi 一七一〇—一七三六）イタリアのナポリ楽派のオペラ作曲家。イエスが磔刑となった際の母マリアの悲しみを思う内容を歌った『スターバト・マーテル（悲しみの聖母）』は、パレストリーナをはじめ多くの作曲家によって書かれている聖歌だが、ペルゴレージの作品の中でも最も有名な曲。彼はこの作品を結核療養中に書き、それが遺作となった。

結論を出すときであろう。9・11以来、芸術の世界、とりわけ演劇の世界では、次のことが確認された。すなわち、政治、戦争、テロリストの世界があらゆるメディア空間を支配し、そこでは現実がパフォーマンスとして大規模に解釈された。もちろん、このような現実のスペクタクルへの転倒を意識することは、ギー・ドゥボールの天才的な予感が示していたことだ。[*22] ただし、六〇年代において、スペクタクル資本主義への非難は、本質的に番組のイデオロギー的消費に向けられていた。それらの番組は当時生まれつつあったネオリベラリズムを支え、活性化さえするもので、その結果、政治的な生、創造、より一般的に言って自由そのものが蔑ろにされた。文化に対する消費の勝利は、疑いなく、ネオリベラリズムに対する現在の批評のトポスとなった。だが、今日では戦争とパフォーマンスが問題なのだから、私たちはさらに一歩前に進まなければならない。ビデオゲームによってドローンが統制なしに使用され、殺人にまで用いられることが少しずつあたりまえのことになり、現実感も喪失されている。ドローンはデータを分析し、無分別に引き金を引く電子的な眼となった。ミシェル・フーコーが告発したパノプティコンのヴィジョンが、目の見えないレンズによっていたるところに広がる監視となってしまったのだ。

他方で、「イスラム国(ISIL)」によって放映された殺戮の身振りのメディア的スペクタクルは、支配者、政府、軍の指導者だけでなく、世界中のテレビ視聴者と、日常的にYouTubeやデイリーモーションを利用する人たちにも向けられていた。ネットがテレビを沈下させ、それを凌駕するのは、ネットがリアルタイムで作用するからだ。パフォーマンスの創造的で解放的な本質に対する最も重大な侵害は、まさに時間そのものを射程にした侵害である。ネットの流れにおける時間は、象徴形成の過程に必要な時間の遅延と袂別したのだ。性急さ《プレシピタシオン》は、あらゆる意味で斬首《デキャピタシオン》と切り離せない。YouTube上での死刑執行を前にして、観客もまた象徴的に斬首されている。というのも、思考は、まなざしを耐え忍ばせ、言葉《パロール》の息継ぎをさせるリズムを奪われるからである。YouTube上のアメリカ人ジャーナリストの斬首は、もはやターズィエにおけるイマーム・フサインの斬首とはまったく関係がなく、アメリカ軍のアブグレイブ刑務所で撮影された短編映像と関係がある。ISILやアルカイダが恐怖の、そして模範的なパフォーマンスに関するスペクタクルの言語を習得したのは、ほかならぬアメリカのテレビ学校であった。今日、イメージの戦争と呼ばれるものは、その当事者同士の間で展開される。情動的《エモーショナル》な衝撃、死に至る情念《パッション》＝受苦、拷問による脅しが配信されるゲームの主人は彼らなのだ。グアンタナモとISIL、YouTube動画と遠隔操作された殺戮ドローンの間には、共通言語がある。それは

＊22　ギー・ドゥボール（Guy Debord　一九三一―一九九四）作家、理論家、映画作家。資本主義とは対照的な「状況」を生み出すことで、社会革命をめざす「シチュアシオニスト」を名乗って活動した。その理論的支柱になったのは、彼の著作『スペクタクルの社会』である。ギー・ドゥボール『スペクタクルの社会』木下誠訳、ちくま学芸文庫、二〇〇三年。

犯罪の演出であり、誰彼の別なく無差別に与えられる死であり、恐怖におびえると同時に魅了される視聴者の面前で最も野蛮な身振りが限界なく公開され拡散されることである。なんたることか、最悪なものがエロス化されるのだ。撮影され配信された舞台装置のパフォーマンスのこの転倒は、私が反パフォーマンスと呼ぶものであり、私は先ほどそれを用いてパフォーマンスにおける差異化の諸段階を提示した。これらのパフォーマンスは不定形なものや、思考不可能なものに形態を与え、最悪なものに向かって共通のまなざしを構成し、そこから構成の利点を引き出すものなのだ。恐怖が一つのパフォーマンスとなり、テロリストが倒錯的なパフォーマーとなった。このパフォーマーはもはや福音書、聖書、コーランの読解に何も負っていない。だからこそ、ギー・ドゥボール、ジョン・ケージ、ナム・ジュン・パイクといった六〇年代の先見の明をもった偉大な者たちは、私たちの世界のいわゆる野蛮なパフォーマンスを先取りしていたと言える。ギー・ドゥボールは彼がシステムと呼んだものを告発し、世界に広がる担い手たちを厄介払いしようとした。ジョン・ケージとパイクは、システムそのものをシステマティックに失調させるパフォーマーにみずからなった。そのために、彼らはこの新たな世界のオペレーターとオペレーションを利用したのである。今日では、パゾリーニが指摘し嘆いた「蛍の消失」*23を避けたいと望む人は日増しに増えている。彼らの多くは、可能性と自由の領域を切り開くためにイメージの操作的な力を使用できるということを人々に説こうと試みている。したがって、私はこう考えたい。芸術家たちがいる限り、勇敢で創造的な身振りが、隷属や恐怖の身振りではなく、不定形なものに新たな形を与えうると私たちは望むことができる、と。*Performare* という言葉が意味することは、死をもたらすエネルギーに生きた変容の力を与えること、すなわち、可能なものごとのもつ決定不可能性や予見不可能性を尊重しつつ、不定形なものに形態を与え、身体とその思考の生に奉仕することなのである。

＊23 イタリアの詩人・映画監督ピエル・パオロ・パゾリーニは、戦後イタリアにおける消費主義の浸透を「蛍の消滅」になぞらえながら象徴的に論じた。Pier Paolo Pasolini, «L'articolo delle lucciole» (1975), in *Pasolini: Saggi sulla politica e sulla società*, Mondadori, 1999. ジョルジュ・ディディ＝ユベルマンは、パゾリーニによるこの蛍論を批判的に継承し、「蛍の残存」を提唱している。Georges Didi-Huberman, *Survivance des lucioles*, Minuit, 2009.

見えるものの暴力に関する以上の短い考察は、私たちのエモーションの政治的運命についての集団的な問いかけが、今日どのようなものでありうるかをめぐる青写真にすぎない。私は問いかけのための若干の方向性を示したのみであり、誰の目にも明らかな世界の諸矛盾を解決したと主張するつもりは毛頭ない。世界は、民主主義の形象《フィギュール》を擁護しようとしながらも、いやおうなく坂道を転げ落ちているように見える。われわれが共有する意味の指定しがたい諸々の場は裏切られ、放棄されている。見えるものは市場となり、さまざまなイメージを、そしてそれとともに自由のあらゆる希望をたえず殺している。隷属《アセルヴィスマン》の世界とは充足《アスーヴィスマン》の世界であるが、イメージの世界は渇望を持ち続けることを要請する。見えないものを見たいという渇望、難破を避けるためにマストに我が身を縛り付ける必要がない声を聞きたいという渇望。[24] 嵐でないようなイメージはないし、危険の形象《フィギュール》でないようなイメージも存在しない。嵐の中では舵とりが必要なのだ。それは、見てもらい、知ってもらい、共有してもらおうとする可視性に対して各自が応答することである。見えるものの政治において重要なことは、票数としての声を勘定することではなく、声に場を与え、そうすることで、その声が聞かれるようになり、観客にも場が与えられ、今度は観客が応答し、みずからの言葉を発するようになることだ。見えるものの暴力とは、このような場が失われることにほかならない。こうして声は無化されてしまいかねないのだ。

私たちとイメージというものの関係、さらには個々のイメージとの関係は、キリスト教的な西洋の思考においては、私たちの自由を基礎づけるものと間違いなく結びついている。それと同時に、この自由を窮地に陥れる、ひいては無化しかねないあらゆるものとも結びついている。見ることを禁じるのは、自由に思考させることよりも容易だ。イメージの統制を決めたのは、思考の沈黙を確実にするためであり、こうして思考がみずからの権利を失ったとき、イメージはあらゆる悪の原因として糾弾され、統制不可能なものだとまで言われたのである。だが、イメージに対して振るわれた暴力こそが問題なのだ。見えるものに関するあらゆる議論の暴力のなかで私たちがよく理解しなければならないことは、見えるものの暴力は、それ自体イメージに身を委せた戦争、思考に身を委せた戦争に起因するということだ。ゴダールが短編映画『映像を変えること』[25]

において述べるように、あらゆる見えるものと交わされた契約は、敵との協力への道を開く。イメージを擁護するとは、意味の不可視性を構成する複数のまなざしの他性を取り除こうとするあらゆるものに抵抗することである。イメージの力は、そこに宿る声の力の大きさに比例する。いまや戦争のイメージがイメージを生み出す者を必然的に動員してしまうのはけっして偶然ではないのだ。いまやイメージの戦争ということがよく言われるが、それは、攻撃的状況における暴力が、見えるものと言説の伝達をいかに管理するかということに直結するためだ。画面上《スクリーン》に広げられる戦闘は、市民たちに、見えるものと見えないものを政治的分析の決定的な争点として思考するよう呼びかける。したがって、まなざしの教育を真剣に考えることが至上命令である。というのも、今日あらゆる戦争は、戦争を思考そのものに届ける契機となっているからだ。イメージを思考すること、それは暴力の運命に責任を持つことである。見えるものの市場が自由に対して影響を及ぼすときに、イメージを暴力の原因として糾弾することは、見えないものに

＊24　ホメロスの『オデュッセイア』の主人公である英雄オデュッセウスは、船乗りを惑わす怪物セイレーンの美声を聞きながらも、それに誘惑されないように、みずからをマストに縛り付けさせた。

＊25　フランス国立視聴覚研究所（ＩＮＡ）の要請により、ゴダールが一九八二年に制作した。その内容は、なぜ依頼に応えることができないかという理由をゴダール自身が説明するものであり、いわば、変化を記録する映像を作ることの不可能性についての映画である。

暴力を振るうこと、つまり「ともに見ること」を構築する際の他者の場を廃棄することにほかならないのである。

解説

黒木秀房

本書は、Marie-José Mondzain, *L'image peut-elle tuer?* の全訳である。底本としたのは、二〇〇二年に出版された同名の書の増補版、二〇一五年版である。

イメージと暴力の関係について考えることは、日常生活から戦争にいたるまで、二一世紀においてますます加速する遠隔技術の発展にともない、不可避なものとなっている。その中でも、本書の題名に単刀直入に示されている「イメージは殺すことができるか」という問いは、二つの歴史的事件と深く結びついている。

一つは、初版が出版された前年、二〇〇一年九月一一日に起きたイスラム過激派のアルカイダによるアメリカ同時多発テロ事件である。ハイジャックされた二機の旅客機が、アメリカ、ひいては資本主義の象徴とも言えるワールドトレードセンタービルに突っ込んだ。第二次世界大戦以降、冷戦時代を経て、パクスアメリカーナと呼ばれた一時代に終止符が打たれた瞬間は、全世界に同時中継された。傷つけられた超大国アメリカは威信を取り戻さなければならず、テロの首謀者とされたウサーマ・ビン・ラディンを殺害することを目的としたアフガニスタン戦争を皮切りに、対テロと銘打たれた戦争が(日本を含む)西洋諸国によって展開された(二〇年に及ぶ戦争がアメリカ軍の撤退によってひとまず終結したことは記憶に新しい)。主要な敵とみなされたのは、アルカイダのみならず、タリバン、イスラム国へと広がり、さらにはボコ・ハラム、ヒズボラ、ハマス等にも及んでいる。

もう一つは、増補版が出版された年、二〇一五年一月七日に起きたシャルリー・エブド襲撃事件である。風刺新聞『シャルリー・エブド』本社にイスラム過激派のテロリスト(アルカイダが犯行声明を出す)が乱入し、一二人を殺害した。事件の引き金となったのは『シャルリー・エブド』に掲載されたイスラム教の創始者ムハンマドの風刺画とされ、事件をテロリストによる「表現の自由」への挑戦だと理解した民衆によるデモが世界各地で起こり、さまざまな議論を呼んだ。[1]

本書はこの二つの歴史的事件に反応したものである。[2]この二つは、いずれもキリスト教国で起きたイスラム教徒による事件で、事件後にはイメージの問題が議論の的になったことが共通項として挙げられる。9・11テロ事件の際には、ハリウッド映画がテロリストにインスピレーションを与えたのではないかと疑われ、上映禁止になる映画や放送禁止になる番組が相次いだ。シャルリー・エブド事件の際には、風刺画をめぐって、表現の自由を守るべきなのか、過剰な表象を禁止すべきなのか、大きな議論を呼んだ。

しかしながら、本書はこのような議論の枠組みの中で、問題となったイメージの分析に取り組むものではないし、事件以後の表象のあり方を倫理的に問うものでもない。むしろ、この二つの事件の背景にあった問題が何であるのか、深く理解しようと試みたものである。したがって、問われているのは、どのようなイメージが問題なのか、というよりはむしろ、イメージがなぜ力をもちうるのか、どのようにしてイメージは私たちに作用しうるのか、という問いである。だが、なぜ著者マリ＝ジョゼ・モンザンがこのような問いを立て、さまざまな芸術に言及しながら、イメージの問題を論じているのか。著者は専門家の間ではすでに広く知られているが、日本語での本格的な紹介はされておらず、著書の翻訳は本書がはじめてなので、簡単にではあるが、彼女の

◉1　日本においてもすぐにこの事件に対する反応があった。鹿島茂・関口涼子・堀茂樹編『シャルリ・エブド事件を考える』白水社、二〇一五年。

◉2　後者については、本文中に直接の言及は見当たらないが、事件は二〇一五年一月、本書増補版が出版されたのが二〇一五年九月であり、再版の意図は明らかであるように思われる。

略歴をあらかじめ紹介しておきたい。

マリ＝ジョゼ・モンザンは、アルジェ生まれのフランスの哲学者であり、パリ国立科学研究センター（CNRS）の名誉研究ディレクターである。主な著作は以下の通りである。

著作

L'image naturelle, Le Nouveau commerce, 1995.

Image, icône, économie : les sources byzantines de l'imaginaire contemporain, Seuil, 1996.

Van Gogh, ou La peinture comme tauromachie, Épure, 1996.

Cueco dessins, Cercle d'art, 1998.

Transparence, opacité ? : 14 artistes contemporains chinois, Cercle d'art, 1999.

Ernest Pignon-Ernest, 1971–2000, Galerie Lelong, 2000.

L'image peut-elle tuer ?, Bayard, 2002 ; rééd. Bayard, 2015.（本書）

Le Commerce des regards, Seuil, 2003.

L'Arche et l'arc-en-ciel : Michel Ange, la voûte de la chapelle Sixtine, Le Passage, 2006.

Homo spectator, Bayard, 2007.

Qu'est-ce que tu vois ?, Gallimard, 2008.

Images (à suivre) : de la poursuite au cinéma et ailleurs, Bayard, 2011.
Confiscation : des mots, des images et du temps, Les Liens qui libèrent, 2017.
K comme Kolonie, Kafka et la décolonisation de l'imaginaire, La Fabrique, 2020.

共著

Voir ensemble（texte de Jean-Toussaint Desanti, avec Marie-Josée Mondzain, Myriam Revault d'allonnes, Patrice Loraux, *et al.*）, Gallimard, coll. « Réfléchir le cinéma », 2003.
Art grandeur nature（avec Cathrine de Smet, Michel Gaillot, Mario Perniola）, Pyramyd, 2004.
L'Énigme du deuil（avec Laurie Laufer）, PUF, 2006.
Penser l'image（avec Jacques Rancière, Georges Didi-Huberman, Hans Belting *et al.*）, les presses du réel, 2010.

翻訳

Discours contre les iconoclastes / Nicéphore, Klincksieck, coll. « Klincksieck esthétique », n° 52, 1989.（trad. du grec, présentation et notes par Marie-José Mondzain-Baudinet）

邦訳されたもの

「歴史とパッション」堀潤之訳、四方田犬彦・堀潤之編『ゴダール・映像・歴史――『映画史』を読む』産業図書、二〇〇一年。

「われわれ人間を誕生させるイメージ」長友文史訳、田中純責任編集『SITE ZERO/ZERO SITE』No. 3、メディア・デザイン研究所、二〇一〇年。

彼女の父、シモン・モンザン（Simon Mondzain 一八八八―一九七九）は、ポーランド出身のユダヤ人画家である。彼はポーランドのチェルム・ゲットーから脱け出し、ワルシャワ、クラクフで研鑽を積んだ後、パリに移住し、エコール・ド・パリの画家として活躍した。またその間、外人部隊としてフランス軍に参加し、ヴェルダンで戦っている。一九三三年からアルジェリアが独立するまではアルジェに住み、多くのポーランド人難民を受け入れたようだ。[3] つまり、彼は、家族、故郷から離れ、戦争に参加し、貧困や不幸に苛まれ、あらゆる犠牲を払ってなお、イメージを禁じる宗教や共同体から逃れたのだ。[4] 娘マリ＝ジョゼもまた、異なる形ではあるが、イメージを探求することになる。[5]

セーヴルの高等師範学校で学んだモンザンは、ラカン、レヴィ＝ストロース、カンギレムのセミナーに参加し、デリダ、フーコーの講演会やスリジーのコロックも聴講していた。そして、一

九六八年の終わりには、実験的な大学であるヴァンセンヌで教えることになる。◉6

しかしながら、イメージの研究が本格的に始まったのは一九八〇年代に入ってからである。一九八八年にイコンについての国家博士論文を提出した後、一九九六年に『イメージ、イコン、エコノミー』を出版した。その後も、カヴァイエスの弟子でサルトルの友人でもあり、フーコーやアルチュセールに教えていたこともある数理哲学者ジャン゠トゥーサン・ドゥサンティやギリシャ哲学の専門家であるパトリス・ロローとの対話を通じて、イメージにかんする理論を発展させる一方、アンリ・クエコやエルネスト・ピニョン゠エルネストといった現代芸術家、またミケランジェロについての著作も出版している。フランス国立科学研究センター（CNRS）や社会科学高等研究院（EHESS）の研究員を歴任した後、近年は、文化が普遍的価値を信じることができな

◉3 https://ecoledeparis.org/fr/simon-mondzain/（二〇二一年一〇月二四日閲覧）

◉4 Julie Clarini, « Marie José Mondzain, radicale comme une image », *Le Monde*, le 6 juillet 2017.［https://www.lemonde.fr/livres/article/2017/07/06/marie-jose-mondzain-radicale-comme-une-image_5156522_3260.html］（二〇二一年一〇月二四日閲覧）

◉5 父の死が決定的なものであったことを彼女自身が述懐している。Marie-José Mondzain, *Images (à suivre)*, Bayard, 2011, p. 35.

◉6 Julie Clarini, *art. cit.*

くなった現代における抵抗の可能性を探求しており、ニュイ・ドゥブー運動[◉7]の際には、街頭に立った。

二〇世紀後半の多くの哲学者がイメージに言及し、ギー・ドゥボールをはじめとするさまざまな思想家がスペクタクル資本主義社会を批判する中、とりわけモンザンが注目されるようになったのは、直接的にイメージとキリスト教の関係に切り込んでいるからであろう。とりわけ、八世紀から九世紀の東ローマ帝国において起きた聖像破壊運動《イコノクラスム》の問題を取りあげた点を特筆すべき点としてあげることができる。モンザンは、偶像破壊主義者たちへのニケフォロスによる対抗言説を翻訳・読解しながら、イメージの力＝権力（pouvoir）をめぐるエコノミーを分析した。それは、偶像崇拝の疑いから逃れるための見えないイメージと、権力者が利用するための見えるイコンという対立軸を中心に展開された。一見すると、地理的にも歴史的にも隔たりのあるビザンツ帝国で起きた大変動が、文字通りイメージに囲まれて生活する現代世界に生きる私たちにも深く関係している、とモンザンは主張する。ならば、信仰を生み出すのに寄与したイメージの構造は、今日のイメージにも引き継がれており、今なお宗教的な問題系と隣接しているのではないか。

ところで、それまで後景に退いていた「信」という宗教的テーマが、九〇年代以降、フランス現代思想のステージにおいて、再び論じられるようになった。[◉8] デュルケームやヴェーバーが主張したような近代化＝世俗化が現代社会において進む中、なぜ再び「信」のテーマが浮上してきたのだろうか。その点についても、やはり時代背景を切り離して考えることはできない。第二次世界大戦以降、長らく続いた冷戦に終止符が打たれ、超大国アメリカが牽引するグローバリゼーションの波に地球全体がまさに飲み込まれようとする時、「世紀末」の漠然とした不安が世界を覆い、原理主義が各地で台頭し始めていた。

こうした中、八〇年代以降、バルト（一九八〇年）、サルトル（一九八〇年）、フーコー（一九八四年）、ドゥルーズ（一九九五年）など、フランス現代思想の巨星たちが相次いでこの世を去ることになるのだが、残されたデリダやナンシーが「信」のテーマを扱っている点は注目に値する。

◉7　スペインのロス・アンディナドス運動やアメリカで起きたウォールストリート占拠運動に通じる運動で、新自由主義的な労働法改定案（通称：エル・コモリ法）への反対をきっかけにひろまった、代議制民主主義やエリート支配に対する不満を背景とした直接民主主義的な動きである。

◉8　それ以前に、社会学者や宗教学者たちによって「宗教的なものの回帰」について論じられるようになっていた。その代表格はマルセル・ゴーシェであろう。Marcel Gauchet, *Le Désenchantement du monde. Une histoire politique de la religion*, Gallimard, 1985.　宗教学とその周辺の学問領域をめぐる制度的変遷については以下の論考を参照。伊達聖伸「フランスにおける宗教学・宗教の歴史的条件と一般的特徴——パリ高等研究院EPHE宗教学部門の展開を中心に」『東京大学宗教学年報』東京大学文学部宗教学研究室、三〇号、二〇一二年、一五九—一七八頁。また、一九八九年に起きたスカーフ事件も忘れてはならない。

著者と同じアルジェリア出身のユダヤ人哲学者ジャック・デリダは、第二次世界大戦およびユダヤ人虐殺という未曾有の事件の前夜に書かれたベルクソンの『道徳と宗教の二源泉』に触発された『信と知』を一九九六年に出版している。[9] デリダは、たんに「宗教的なものの回帰」を宣言するのではなく、宗教と近代的合理性が異なるものでありながら同じ役割を保持し、いかに宗教が近代的合理性に取って代わりえたのか問うために、信と知の共通条件を他者への責任＝応答可《レスポンサビ》能性《リテ》として論じた。[10] 本書で展開されている現代の聖像破壊運動や現代芸術におけるパフォーマンスをめぐる議論は、デリダが現代における宗教的なものの世界化、メディア化を分析しながら展開した、教会一致運動《エキュメニスム》に内在する自己免疫・自己破壊運動やパフォーマンスに関する議論が下敷きになっているように思われる。

また、ジャン＝リュック・ナンシーが展開した「キリスト教の脱構築」という哲学的プログラムは、本書におけるキリスト教思想への目配せと無関係ではあるまい。理性と信仰の二項対立ではなく、その間にある領域を「脱閉域」と規定し、[11] 信仰から区別される限りでの「信」を論じているところなどは、モンザンがイメージやイメージをめぐる知を、権力や支配者の道具から区別する所作と軌を一にしているように思われる。それどころか、二〇〇三年に出版されたナンシーのイメージ論『イメージの奥底で』では、実際にナンシー自身がモンザンの思考と共鳴していることを表明しており、[12] またイメージと暴力について論じている。

それだけでなく、イメージと信をめぐる問題は、じつはそれ以前から、映画論をつうじてアンドレ・バザン、ジル・ドゥルーズらが提起していた問題でもあった。とりわけ、ドゥルーズは、ドライヤーやロッセリーニなどの映画作家、パスカルやニーチェといった哲学者を引き合いに出

◉9 Jacques Derrida, «Foi et savoir: les deux sources de la "religion" aux limites de la simple raison», dans *La religion*, sous la direction de Jacques Derrida et Gianni Vattimo, Seuil, 1996.〔ジャック・デリダ『信と知』湯浅博雄・大西雅一郎訳、未來社、二〇一六年〕

◉10 以下の論考を参照。Serge Margel, «Foi et savoir. L'essence du religieux, le mal radical et la question de la modernité», dans *Cahier de l'Herne : Jacques Derrida*, sous la direction de Marie-Louise Mallet et Ginette Michaud, L'Herne, 2004, pp. 261-268.〔セルジュ・マルジェル「信仰と知」西山達也訳、『別冊環 ジャック・デリダ 一九三〇—二〇〇四』藤原書店、二〇〇七年、一七〇—一八六頁〕

◉11 Jean-Luc Nancy, *La déclosion*, Galilée, 2005.〔ジャン＝リュック・ナンシー『脱閉域』大西雅一郎訳、現代企画室、二〇〇九年〕

◉12 「イメージ、そしてそれとともに芸術一般が、この脱構築の核心にある。マリー＝ジョゼ・モンザンの『イメージ・イコン・エコノミー』(*Image, Icône, Économie*, Seuil, 1996) における見事な分析によれば、ビザンティンでの理論的分析をつうじて、「可視性の核心において空虚なものを要請するイメージ概念」が我々の伝統のうちに居所をえたという。この分析の道筋と意図は私のものとは異なるが、両者は交叉しあうものでもある」。Jean-Luc Nancy, *Au fond des images*, Galilée, 2003, p. 15.〔ジャン＝リュック・ナンシー『イメージの奥底で』西山達也・大道寺玲央訳、以文社、二〇〇六年、一五頁〕

しながら、現代映画は世界に対する「信」を示すものであり、それが「知」に置き換わるものだとしていた。[13] つまり、ドゥルーズは、古典的映画の機能を転倒させ、現代映画は、世界を切り取るものではなく、人間を世界へと結びつけるものだとし、イメージにおける宗教的な機能を見出していたのだ。

こうしたことから分かるのは、たんに八〇年代以降のフランス現代思想の大きな流れの中にモンザンを位置づけることができるということだけではなく、そこで語られてきたイメージの問題が宗教的なものと深く結びついているということである。だからこそ、ビザンチン文化におけるイコンの分析から始め、フランス現代思想の流れを引き継ぐモンザンにとって、ミレニアム以後に起きた二つの事件は、「文明の衝突」や「表現の自由」に還元されざる重要性をもつものとなった。そしてモンザンは、表面化したグローバル資本主義社会の歪みの要因を、西洋側から設定された外在的な対立軸にではなく、西洋キリスト教社会の一つの内的な動因であるイメージの側に見出そうとしたのだ。

やや遠回りになってしまったが、本書が提起する問い「イメージは殺すことができるのか?」に戻ろう。すでに見てきたように、この問いは現実に起きてしまった事件と結びついている。したがって、容易に論じられるものではないのだが、だからといってそれを倫理的な問題に還元してしまえば、イメージの禁止を企む敵の思うつぼである。そこでモンザンは、問いを横滑りさせ、暴力を表象するイメージではなく、イメージそのものに内在する暴力性について論じるのだ。ただし、そのときの「暴力」とは、たんに否定されるべき破壊活動という意味だけではなく、現実の身体に与えうる影響といった意味をも含む。つまり、イメージに内在する力のエコノミーが語られるのだ。そうすることでモンザンは、イメージを理解し、イメージの教条化に抵抗し、イメージの受容のあり方を再考しようと試みる。

実際、本書で取りあげられるさまざまな芸術は、一見すると脈絡がないように思われる。だが、それらの芸術が提示するイメージが何を示しているのか、ということよりはむしろ、どのように見させるのか、さらには見る者に何を到来させ、行動へと導くのか、ということが一貫して論じられている。したがってモンザンは、表象としてのイメージではなく、受肉、一体化、化身、つまり到来するものとしてのイメージを論じているのだ。そのとき、イメージとは、誰の目にも明らかなものとして、つねにすでに提示されるものではなく、欲望を喚起する謎、緊張、間隙が含まれ、その刺激によって多様な思考を促すものとなる。

こうして、モンザンが論じる芸術論は、狭義の作品論を超えて、作品と観客との間の（日常的

◉13　Gilles Deleuze, *Cinéma 2 : l'image-temps*, Minuit, 1985, 220–225.〔ジル・ドゥルーズ『シネマ2　時間イメージ』宇野邦一他訳、法政大学出版局、二〇〇六年、二三六—二四二頁〕

なコミュニケーションとは異なる）ある種のコミュニケーションによって成立する共同体の問題にもつながってくる。ただし、そのとき「共同体」とは、従来のように血縁、領土、イデオロギーに必ずしも結びつくものではなく、ジャック・ランシエールが「感性的なもののパルタージュ」と呼んだように、感情をともにし、ともに思考した時間に関わるものである。[14]現代芸術の使命の一つは「民衆を欠いている」ことを示すことだとパウル・クレーの言葉を援用しながらドゥルーズは指摘した。[15]つまり、共同体を構成する人々は、つねにすでに存在している、というわけではなく、ある種のつながりが望まれるようにならねばならない、ということである。それは、芸術家が政治的に民衆を一つにまとめるのではなく、それぞれが個別のものでありながら、一つのイメージをめぐって、ともに感じ、ともに思考し、さまざまな声が引き出されるような場、いわばイメージの自立共生《コンヴィヴィアリティ》を生み出すということだ。[16]

　暴力のイメージとイメージの暴力から身を守るために必要なのは、イメージをめぐって対立することではなく、イメージそのものについての思考であり、その思考を妨げるものへの抵抗だ。それを可能にするのは、それぞれの仕方で見たり、聞いたりした結果、何を考え、どのようなことが言えるのか、相互の反応を共有することで成立するまなざしの教育である。そのとき、イメージをまなざす主体の自由と批判的機能を果たす場が重要であるだけでなく、イメージそのものが多様性の許容度によって測られなければならない。よくあるように、可視性を無批判に擁護したり、特定のイメージを退けたりするのではなく、イメージの危険性を認めた上で、まなざしの教育の場として共同体の必要性を論じる点が、モンザンのもう一つの特徴だと言えるだろう。[17]

見たものに影響を受けた結果、人が犯罪を犯してしまう、ということはありうるのかもしれない。しかし、犯罪者が見たものを覆い隠せば、犯罪を犯さなくなると言えるのか。いや、むしろ人はむき出しのイメージの暴力に晒されることになるのではないか。モンザンは次のように語っている。「言ってみれば、制御不能な感染症が起こったときに出される衛生規則のようなものだ。悪＝病に立ち向かうのではなく、それから身を守るのである。隔離に基づくこの感染対策は、たんに免疫抗体が一般に広まることを妨げるだけである。奇妙な仕方で自由にとらわれている個々の人間が、あらゆる悪〔病〕の不可避的な被害者だとみなされる。あたかも共同体の言説のほう

◉14 Jacques Rancière, *Le partage du sensible*, La fabrique, 2000.〔ジャック・ランシエール『感性的なもののパルタージュ　美学と政治』梶田裕訳、法政大学出版局、二〇〇九年〕

◉15 Gilles Deleuze, *op. cit.*, pp. 281-283.〔ジル・ドゥルーズ、前掲書、二九九―三〇二頁〕

◉16 モンザンは二〇一七年の講演会でこの問題について言及している。[https://www.youtube.com/watch?v=12MADK3oRfE]（二〇二一年一〇月二四日、閲覧）

◉17 実際、モンザンは二年にわたる子どもたちとの対話を通じて見ることについて語っている。Marie-José Mondzain, *Qu'est-ce que tu vois ?*, Gallimard, 2008.

が、個々人の言葉《パロール》や思考よりも優位であるかのようだ。検閲が示すのは、個人の弱さであり、全体の力である」（本書四八―四九頁）。モンザンのこの言葉は、コロナ禍において、とてもよく理解できるのではないか。

メディアはテロと結びつき、監視＝管理社会はますますその力を強め、可視性をめぐる全体主義的な傾向はますます強くなっている。しかし、モンザンの主張と彼女が取りあげた芸術作品は、そこから逃れるための方向性を示しているようにも思われる。暴力的なイメージは倫理的に認められないかもしれないし、そもそもイメージそれ自体が危険性をはらむものである。だが、ディディ＝ユベルマンの言葉を借りるならば、それでもなお、[18]イメージに対する思考の自由と、それを許容するイメージをいかに伝播することができるのか思考することこそが、真＝信の媒介《メディア》に求められることだろう。

（二〇二一年一〇月二四日）

◉18　Georges Didi-Huberman, *Images malgré tout*, Minuit, 2004.〔ジョルジュ・ディディ＝ユベルマン『イメージ、それでもなお　アウシュヴィッツからもぎ取られた四枚の写真』橋本一径訳、平凡社、二〇〇六年〕

訳者あとがき

9・11（アメリカ同時多発テロ事件）からすでに二十年がたった。それでも、あのときリアルタイムで見た映像は鮮明に脳裏に焼き付いたままだ。家の小さなテレビの画面で見ていて、最初は何が起こっているのかが理解できなかった。その後、報道の説明で事態がつかめるようになったときに感じたことは、おそらく多くの人と同様、フィクションがついに現実のうちに飛び込んできたという衝撃だった。本書を読んで、当時のことがまざまざと蘇ってきた。その後のさまざまな残酷で恐ろしい数々の現実の映像とともに……。今にして思えば、デジタル空間と現実の境界が消えゆく現在の状況はあのときにはっきりとイメージ化されたのだ。いまではARやVR、メタバースと、事態はさらに進んでいる。

本書を読んで、蘇ってきた光景がもうひとつある。それは暁星学園のチャペルでのミサで、司祭がホスティアを高く掲げる姿、聖体奉挙のシーンだ。クリスチャンではないが、カトリックの学校で十二年間育てられたぼくにとっては、何度となく目にしたものだ。信者の同級生たちだけが、司祭の前に並び、順番が来ると舌を前に突き出し、司祭の差し出す直径三、四センチほどの白い円盤をするりと口のなかに取り込むのだった。自分も信者のふりをしてこの列に並び、ご聖体にあずかりたいと何度思ったことか。もちろん罰が当たるのが怖くて、実行に移すことはできなかったが、あの不思議な食べ物を摂取するためだけに信者になりたいと思ったほどだ。ミサという典礼のクライマックスに当たるその瞬間、信者たちはキリストと一体となり、教会《エクレシア》という共同体の一員であることを確認する。ぼくたち異教徒はそこから完全に排除され、観客としてそれを見ていた。

この一見、何の関係もない二つの光景が見事に接続され論じられている。それが、本書を読んで覚えた素朴な驚き、と同時に新鮮な発見だった。

このような個人的体験をあえて述べたのは、本書が現代のデジタル社会が抱える問題、とりわけスクリーンやディスプレイ上のイメージが私たちにどのような力を及ぼすのかについての考察であるとはいえ、立論の根幹にキリスト教のキーワードがあるために、文化を異にする者にとってはわかりにくい部分が少なくないと思ったためだ。そこで、本書における訳語の選定を中心に補足しておきたい。著者自身が導入部で述べているように、本書のテーマは「受肉（incarnation）」、「同化（incorporation）」、「擬人化（personnification）」である。これらの言葉はそれぞれ「肉（chair）」

「身体（corps）」「人格（personne）」という言葉から派生しているが、その関係は錯綜している。[1]

肉 chair と身体 corps との違いというのがなかなか理解しにくいが、そこには古代ギリシャ以来の対立概念がある。[2] まず宗教や哲学での基本的な用法は、chair（希：σάρξ、羅：caro、英：Flesh、独：Fleisch）が、「霊」と対比された人間の物質的な部分としての肉体、肉欲などを意味する。それとともに、日常語では、食べる対象としての動物や魚の肉を示す。一方の corps（希：σῶμα、羅：corpus、英：body、独：Körper）は身体のみならず、天体や物体を含めた、何かひとまとまりのもの、塊を意味するので、身体、物体以外に団体や軍の本体も示す。生きているときのわれわれのからだに関しては、chair と言う場合、なまなましい血肉を備えたものとして、corps と言うときは、むしろひとかたまりのボディーという側面が示される。したがって、死体は corps となる。キリスト教では、chair（sarx）は滅びる肉体だが、復活した後にもつのは soma だとされる。イエスの復活後の「栄光の体」は le corps glorieux と呼ばれる。実際はもう少し複雑なのだが、以上の点を踏まえたうえで、キリスト教の教義に沿って本書での用法を見ていくこ

◉1　以下で扱う事柄を絵画の問題と関係づけてわかりやすくまとめた書として、岡田温司『キリストの身体　血と肉と愛の傷』（中公新書、二〇〇九年）をお薦めする。

◉2　一方、旧約聖書がそれで書かれているヘブライ語やアラム語には、肉と身体をめぐるこのような区別はなかった。

とにしよう。

「受肉」[3]ということで真っ先に思い浮かぶのは、「ヨハネによる福音書」だろう。その冒頭は有名な「はじめに言があった。言は神と共にあった。言は神であった」[4]だが、一四節で、「言は肉となって（ὁ λόγος σὰρξ ἐγένετο; la Parole est devenue chair）、わたしたちの間に宿られた」とあり、これによって、不可視の神が、私たち人間の感覚によって見ることができる姿で現れること、つまりイエスの誕生が明言されている。この出来事がまさに「受肉」という言葉の意味であり、「三位一体の第二格たる子が、ナザレのイエスという歴史的人間性」をとったことを示す。だが、話はそこに留まらず、受肉はイエスの十字架での受難《パッション》による贖罪のテーマに繋がっている。つまり、受肉は汚れた肉をまとう人間に対して、神みずからがその肉をまとう連帯の身振りであるわけだ。本書での passion の位置づけは後ほど見ることにするが、受肉がそのまま「受難」と直結していることを忘れてはならないだろう。「ローマの信徒への手紙」では以下のように言われる。「罪を取り除くために御子を罪深い肉と同じ姿でこの世に送り、その肉において罪を罪として処断されたのです。それは、肉ではなく霊に従って歩むわたしたちの内に、律法の要求が満たされるためでした」[5]（八：三〜四）。

以上のことが教義として確立されていくのは、四世紀アタナシオスの『言の受肉について（*De incarnatione*）』を嚆矢とし、アンセルムスによってさらに精緻になされる一連の理論化の動きによってであるが、ここでのモンザンの議論は、それらの複雑精緻な教義を基盤としながらも、この言葉をよりイメージに引き寄せて用いていて展開される。言うまでもなく、物質的・感覚的存在でない神を私たちは肉体の目で見ることはできない。それでも本書で何度か触れられるように、私たちはその見えない神を見たいと思うのだ。その望みが果たされるのが受肉という現象なのである。神の存在を確信したいと切望する使徒フィリッポが「主よ、わたしたちに御父をお示しください」と懇願すると、イエスは「わたしを見た者は、父を見たのだ」（ヨハネ一四：九）と答える。なぜなら、イエスとは神の似姿（image）にほかならないからだ。「御子は見えない神の姿(εἰκὼν τοῦ θεοῦ τοῦ ἀοράτου; l'image du Dieu invisible)」だと「コロサイの信徒への手紙」（一：一五）で言われている。モンザンが言おうとする受肉とはまさにこのこと、不可視のものがイメージとして現れるということにほかならない。こうして、不可視の神が、可視的であるイエスとして現れたわけだが、今度はそのイエスそのものがある時期から表象として多数描かれるようになる点

◉3　受肉（σάρκωσις, incarnatio）という表現そのものは聖書ではなく、教父たちによるものだ。

◉4　以下、日本語訳は新共同訳による。

◉5　その後、肉の思いが死であり、霊の思いが命と平和であること、肉の支配下にあるものは神に喜ばれないことなどが説かれ、肉を捨て、霊につかなければ救いがないこと、霊と一緒になれば、キリストと共同の神の相続人となると説かれる（八：七〜一六）。

に、イメージ戦略を主軸としたキリスト教の特徴がある。

だが、イメージそのものの受肉の議論に入る前に、corps のほうを確認することにしよう。corpus もまたカトリックの教義の根幹にかかわるキータームであるが、それは二つの点からである。第一は本書でも取り上げられている「聖餐」に関わるものであり、第二は教会という制度に関わるものだが、両者は根底で繋がっている。「聖餐」とは「最後の晩餐」という言葉でよく知られる出来事とその再現として執行されてきた典礼のことだ。最後の晩餐のとき、イエスはパンを取り、「取って食べなさい、これはわたしのからだ（τοῦτό ἐστιν τὸ σῶμά μου; mon corps）である」と言い、杯をとり「わたしの血である」と言って弟子たちに与えたことから、それを記念してミサの際にそれを再現する。[6] これをカトリック教会では「聖体祭儀」、「聖体の秘跡」などと言うのだが、このイエスの身体を食すことを communion（聖体拝領）と呼ぶ。ただのパンとワインがイエスの体と血に変わること（聖体変化）という秘跡があり、その変化した物質を信徒が分かち合うことで同じ共同体に帰属することを確認するわけだ。普通のパンがキリストの身体になるという「化体《かたい》」ないしは「実体変化」についてもさまざま議論があり、カトリックとプロテスタントの間の争点であったわけだが、それについても確認するに留める。ここで重要なのは、「キリストの身体」、「キリストの神秘体（corpus mysticum christi）」がキリストを頭とする教会、さらには世界共同体も意味する言葉であることだ。つまり、この身体は unité（単一体・統一体）としての象徴なのだ。◉7 聖体としてのキリストの身体が、教会そのものを意味するようになる過程はきわめて複雑であるから、ここでは省略するが、いったんこの構図が成立するとキリストの身体（聖体）に与る聖体拝領は、共同体への帰属を確認する踏み絵のごとき儀式となった。まさに、これはひとつの共同体への囲い込み、ないしは融合の試みと捉えることができるのだ。したがって、キリストの身体（corpus christi）とは、まぎれもなく包含と排除の装置である。内と外を分節し、共同体のメンバー（身体に対して四肢を意味する言葉だ）を確認し、共同体の結束を強め、そのヒエラルキーを強化することこそが、incorporer、incorporation（編入、合体）なのである。本書でこの言葉がネガティヴに使われることが多い所以である。

だが、以上のような教義がイメージとどのようにつながるというのか。そこを見てみよう。不

◉6 最後の晩餐のこのやりとりは、ヨハネによる福音書にはない。一方、イエスがみずからを「天から降ってきたパンである」（ヨハネ六：四〇）と言い、それを補足する際には身体ではなく、肉という表現が用いられる。「人の子の肉を食べ、その血を飲まなければ、あなたたちの内に命はない。わたしの肉を食べ（Ὁ τρώγων μου τὴν σάρκα）、わたしの血を飲む者は、永遠の命を得、わたしはその人を終わりの日に復活させる」（ヨハネ六：五三〜五四）。

◉7 事態はもちろん、ずっと複雑である。モンザンは以下の本でこの点を詳しくサーベイしている。Marie-José Mondzain, *Le Commerce des regards*, Seuil, 2003, p. 98–121.

可視の神は、受肉することで見えるものになった。それがイエスである。そして、その肉としてのイエスはイコンとして受肉する。ただし、神が人の子になる受肉と、人をイコンとして描く受肉が同じでありうるはずがない。それでも、受肉ということがもともとイメージにほかならないのはすでに見た通りである（人は神の似姿であり、イエスも神の似姿である）。ここで気をつけたいのは、フランス語の image が日本語のイメージより覆う範囲が広い言葉であることだ。この言葉は、日本語のいわゆるイメージ、つまり観念像、印象、残像のみならず、鏡や水面に映る像、映画やテレビの映像を表すほか、イラストや図案でもあり、絵画や彫刻などで表現した姿や形、とりわけ聖像やイコンを指すのみならず、何かの似姿や忠実な再現という意味もあり、さらには典型的な姿（光景）、比喩的表現をも意味するのである。したがって、本書の訳語はその文脈に応じて訳し分けた箇所も少なくない。実際、単数形の image がイメージという概念を指すのに対して、複数形で用いられる場合は具体的な像を指すことが多いと言える。

ところで、プラトンのイメージ批判から始まり、西洋の思想においてはイメージが真理との関係で言葉より劣るものとして扱われてきたことはよく知られているし、また、ユダヤ教やイスラムなどの一神教が偶像崇拝禁止の立場からイメージに対しては厳格な姿勢を保ち続けていることも周知の事実である。じっさい、人間や事物を描くことはできるとしても、それは真の姿のコピー、レプリカにすぎず、より劣ったものであり、それを崇拝したりすれば、偶像崇拝ということになる。ところが、キリスト教においては、神の似姿《イメージ》であるイエスが、イコンとしてイメージ化されることになる。のみならず、キリスト教はイメージをいわば手なずけた。その結果、可視的なものの力は社会において強大となり、現代のヴィジュアル社会にいたるイメージの覇権が到来したのである。それはモンザンによれば、言葉がつねに時間軸を通じてしか提示できないのに対して、イメージが、時間軸にこだわらずに、複数のものを一挙に提示できるからでもある。

じつは、聖書には初めからイメージという言葉が出てくる。「神は御自分にかたどって人を創造された（Dieu créa l'homme à son image; et creavit Deus hominem ad imaginem suam）」（創世記一・二三）という記述である。神と人間というまったく別のものが image という装置によって結ばれるのだ。じっさい、受肉にしてもイメージにしても、物質のレベルでは異なる二つのものが「似ている」ということ、そして、そこにないもの（不在）の提示（現前）が問題になっている。言葉を換えれば、そこでは融合することなく、同一であるという不思議な関係がある。受肉やイメージはつねに、「それ自身であるものではなく、それ自身でないものである」というサルトルが『存在と無』で対自存在と呼んだありかたをしているのだ。受肉もイメージも役者と同様、他の何かを表象するためには自分自身であることをやめる。それに対して、身体の比喩は物質的同一性を前提とする。のみならず、さらに階層性が含まれる。イエスはぶどうの木、信徒はぶどうの枝に喩えられる。[8] ぶどうの木とぶどうの枝は同じ物質である。四肢《メンバー》は頭と同じ物質からなるが、そこにはヒエラルキーがある。イメージに戻れば、大好きな恋人の写真と、生身の本人は、同じ物質でできていない。にもかかわらず、それが同じなのはなぜか。そこにイメージの正と負の力の源泉がある、というのがモンザンの考えである。現実とイメージがなぜ競合しうるのかという大きな問題にここで答えることはできないが、この力とも関係しているペルソナという言葉を確認しよう。

外来語の「パーソン」という言葉の語源であるラテン語のペルソナはもともと仮面を意味し、やはり不在と現前に関わるものである。役者は仮面をつけることで自分以外の誰かを呼び出し、不在の誰かを現前させるが、このことから登場人物のこともまたペルソナと呼ばれるようになり、この言葉は人物の統一原理を指すにいたった。一方、ギリシャ語でὑποκείμενον（hypokeimenon）と呼ばれていた三位一体の位格がラテン語でペルソナと呼ばれるようになるのはテルトゥリアヌス以降のことだ。父と子と聖霊が三つのペルソナ（位格）として区別されながらも、神としては一つであるとする不可思議な三位一体の論理は私たち異教徒にとって理解が難しいだけでなく、キリスト教においても長い年月をかけてじっくりと錬成された概念であるから、ここで不用意に踏み込むことはやめておこう。本書で問題になっているのはむしろ修辞法のレベルである。Personnification とは端的に言えば「擬人化」のことだ。だが、「擬人化」と言うと人間以外のものを人物として、人間の性質・特徴を与える比喩に限定されてしまう。ところが本書ではより広く、ある人物や人的形象が抽象的な概念を具現すること、誤解を恐れずに言えば、やはりこちらも受肉化することである。モンザンの議論では、見る者が自由に解釈できるような人物像が、なんらかの観念や理念を受肉しているのに対して、見る者に一義的な意味を押しつけるような人物像は観念の personnification すなわち化身であり、そういった人物は主人の言説を一方的に押しつけ、見る者を共同体に組み入れようとする、一体化させようとするのだ。本書の表現で言えば、単一思想のコミュニケーションの道具となるのである。

もうひとつ重要なのは passion である。じつはこの言葉が本書でも最も訳しにくいものであった。辞書を引けば、情熱、熱狂、強い先入観などの意味が出てくるし、哲学では情念などとも訳される。そして、大文字の Passion はキリストの受難のことである。パッションという言葉に関してはその受動性が強調されたりもする。それはそのとおりなのだが、モンザン自身は、ギリシャ語の πάσχειν (paskhein) はむしろ能動的な動詞であることを強調している[9]。それはイエスの受難についても言えることであって、それは単に被ったのではない、みずからこの試練を引き受け

◉8 「わたしはぶどうの木、あなたがたはその枝である。人がわたしにつながっており、わたしもその人につながっていれば、その人は豊かに実を結ぶ」(ヨハネ一五：五)。

◉9 Marie-José Mondzain, *Le Commerce des regards*, *op. cit*. p. 168.

ると考えなければ、Passionという行為の意義が失われてしまうと考えるのだ。本書では、アリストテレスの有名なカタルシスに関しても、同様の意見が述べられ、単に不浄を取り除くのではなく、浄化の行為を最後まで完遂する（ペライネイン）という行為に力点が置かれていることは興味深い。また、パッションと関わるのが、欲望と訳したdésirである点にも触れておく必要があるだろう。キリストの受難も含め、あらゆるパッション（情念、受難）には、それを突き動かす欲望があるし、イメージの問題そのものも、見たいという私たちの欲望によって支えられている点にモンザンは着目するからである。本書の主張の重要な論点は、イメージの本質が、このような能動的なパッションであること、そしてそれは我々を拘束するどころか、むしろ自由にするものであるということである。その意味で本書はイメージ擁護の書である。

écran（英語のscreen）という語についても一言。本書では画面と訳すことが多かったが、もともとスクリーンとは遮蔽する幕であり、映し出すものであると同時に隠すものも意味するアンビバレントなものであり、それはイメージそのものの宿命でもある。そのほかにフランス語では映画監督のことをréalisateur（実現する人）と呼ぶことなど、注記すべきことはほかにもあるが、ここまでにしておく。

本書の翻訳の具体的な進め方についても記しておく。翻訳は黒木が訳した第一稿を澤田が主に日本語としての読みやすさから手を入れてリライトする形で行い、その後、疑問点などについて協議を行い、最終的には澤田が確定した。法政大学出版局の郷間雅俊さんは、私たちの訳文を原文とつぶさに照合し、重要な指摘を多数してくださった。ほとんど三人目の訳者と呼べるほど内容にまで踏みこんだご支援をいただいたことをここに記し、訳者を代表してこの場を借りて心より感謝する次第である。

澤田　直

二〇二一年十一月三日

《叢書・ウニベルシタス　1139》
イメージは殺すことができるか

2021年 12月 28日　初版第1刷発行

マリ=ジョゼ・モンザン
澤田　直／黒木秀房 訳
発行所　一般財団法人　法政大学出版局
〒102-0071 東京都千代田区富士見 2-17-1
電話 03(5214)5540 振替 00160-6-95814
組版: HUP　印刷: 三和印刷　製本: 積信堂

Printed in Japan

ISBN978-4-588-01139-9

著　者

マリ＝ジョゼ・モンザン（Marie-José Mondzain）

1942年，アルジェ生まれ。CNRS（フランス国立科学研究センター）名誉研究ディレクター。哲学者。主な著書に，『イメージ，イコン，エコノミー』（*Image, icône, économie : les sources byzantines de l'imaginaire contemporain*, Seuil, 1996），『ホモ・スペクタトール』（*Homo spectator*, Bayard, 2007），『押収——言葉の，イメージの，時間の』（*Confiscation : des mots, des images et du temps*, Les Liens qui libèrent, 2017）などがある。最新の著作は，『Kはコロニーの K ——カフカと想像的なものの脱植民地化』（*K comme Kolonie : Kafka et la décolonisation de l'imaginaire*, La Fabrique, 2020）。

訳　者

澤田　直（さわだ・なお）

1959年，東京生まれ。立教大学文学部教授。パリ第1大学博士課程修了（哲学博士）。専攻はフランス語圏文学・現代思想。著書に『〈呼びかけ〉の経験——サルトルのモラル論』（人文書院），『ジャン＝リュック・ナンシー』（白水社），編著に『サルトル読本』（法政大学出版局），『異貌のパリ 1919–1939』（水声社），訳書にサルトル『真理と実存』『言葉』（以上，人文書院），同『自由への道』全6巻（共訳，岩波文庫），レヴィ『サルトルの世紀』（共訳，藤原書店，第41回日本翻訳出版文化賞），フォレスト『さりながら』（白水社，第15回日仏翻訳文学賞），ペソア『［新編］不穏の書，断章』（平凡社ライブラリー）ほか。

黒木秀房（くろき・ひでふさ）

1984年，東京生まれ。立教大学外国語教育研究センター教育講師。専攻は現代フランス思想。著書に『ジル・ドゥルーズの哲学と芸術——ノヴァ・フィグラ』（水声社），論文に「リアリズムの問題の哲学的射程——ドゥルーズ『シネマ』におけるネオレアリズモを出発点として」（『フランス哲学・思想研究』第25号，2020年），「ドゥルーズと「フィクション」の問題——「ドラマ化」を中心に」（『フランス語フランス文学研究』第108号，2016年）ほか。

叢書・ウニベルシタスより

(表示価格は税別です)

967 ライプニッツのデカルト批判　上
Y. ベラヴァル／岡部英男・伊豆藏好美訳　6000円

968 社会の政治
N. ルーマン／小松丈晃訳　6800円

969 自律の創成　近代道徳哲学史
J. B. シュナイウィンド／田中秀夫監訳，逸見修二訳　13000円

970 諸学の体系　学問論復興のために
P. ティリッヒ／清水正・濱崎雅孝訳　3200円

971 イメージの前で　美術史の目的への問い
G. ディディ=ユベルマン／江澤健一郎訳　4600円

972 自己を超えて
P. スタンディッシュ／齋藤直子訳　7800円

973 眼に映る世界　映画の存在論についての考察
S. カヴェル／石原陽一郎訳　3800円

974 アメリカという敵　フランス反米主義の系譜学
Ph. ロジェ／大谷尚文・佐藤竜二訳　9800円

975 時間の前で　美術史とイメージのアナクロニズム
G. ディディ=ユベルマン／小野康男・三小田祥久訳　3800円

976 ゾーハル　カバラーの聖典
E. ミュラー編訳／石丸昭二訳　5400円

977 弱い思考
G. ヴァッティモ編／上村・山田・金山・土肥訳　4000円

978 ベルクソン書簡集 I　1865-1913
H. ベルクソン／合田正人監修，ボアグリオ治子訳　5500円

981 ウルストンクラフトの北欧からの手紙
M. ウルストンクラフト／石幡直樹訳　3200円

982 ジェルメーヌ・ティヨン
G. ティヨン著，T. トドロフ編／小野潮訳　4000円

叢書・ウニベルシタスより

(表示価格は税別です)

1011 グローバルな複雑性
J. アーリ/吉原直樹監訳, 伊藤嘉高・板倉有紀訳 3400円

1012 ゴヤ 啓蒙の光の影で
T. トドロフ/小野潮訳 3800円

1013 無神論の歴史 上・下
G. ミノワ/石川光一訳 13000円

1014 観光のまなざし
J. アーリ, J. ラースン/加太宏邦訳 4600円

1015 創造と狂気 精神病理学的判断の歴史
F. グロ/澤田直・黒川学訳 3600円

1016 世界内政のニュース
U. ベック/川端健嗣, S. メルテンス訳 2800円

1017 生そのものの政治学
N. ローズ/檜垣立哉監訳, 小倉拓也・佐古仁志・山崎吾郎訳 5200円

1018 自然主義と宗教の間 哲学論集
J. ハーバーマス/庄司・日暮・池田・福山訳 4800円

1019 われわれが生きている現実 技術・芸術・修辞学
H. ブルーメンベルク/村井則夫訳 2900円

1020 現代革命の新たな考察
E. ラクラウ/山本圭訳 4200円

1021 知恵と女性性
L. ビバール/堅田研一訳 6200円

1022 イメージとしての女性
S. ボーヴェンシェン/渡邉洋子・田邊玲子訳 4800円

1023 思想のグローバル・ヒストリー
D. アーミテイジ/平田・山田・細川・岡本訳 4600円

1024 人間の尊厳と人格の自律 生命科学と民主主義的価値
M. クヴァンテ/加藤泰史監訳 3600円

叢書・ウニベルシタスより

（表示価格は税別です）

1025 見えないこと　相互主体性理論の諸段階について
A. ホネット／宮本真也・日暮雅夫・水上英徳訳　2800円

1026 市民の共同体　国民という近代的概念について
D. シュナペール／中嶋洋平訳　3500円

1027 目に見えるものの署名　ジェイムソン映画論
F. ジェイムソン／椎名美智・武田ちあき・末廣幹訳　5500円

1028 無神論
A. コジェーヴ／今村真介訳　3600円

1029 都市と人間
L. シュトラウス／石崎・飯島・小高・近藤・佐々木訳　4400円

1030 世界戦争
M. セール／秋枝茂夫訳　2800円

1031 中欧の詩学　歴史の困難
J. クロウトヴォル／石川達夫訳　3000円

1032 フランスという坩堝　一九世紀から二〇世紀の移民史
G. ノワリエル／大中一彌・川﨑亜紀子・太田悠介訳　4800円

1033 技術の道徳化　事物の道徳性を理解し設計する
P.-P. フェルベーク／鈴木 俊洋訳　3200円

1034 他者のための一者　レヴィナスと意義
D. フランク／米虫正巳・服部敬弘訳　4800円

1035 ライプニッツのデカルト批判　下
Y. ベラヴァル／岡部英男・伊豆藏好美訳　4000円

1036 熱のない人間　治癒せざるものの治療のために
C. マラン／鈴木智之訳　3800円

1037 哲学的急進主義の成立 I　ベンサムの青年期
E. アレヴィ／永井義雄訳　7600円

1038 哲学的急進主義の成立 II　最大幸福主義理論の進展
E. アレヴィ／永井義雄訳　6800円

——— 叢書・ウニベルシタスより ———
（表示価格は税別です）

1039 哲学的急進主義の成立 Ⅲ　哲学的急進主義
E. アレヴィ／永井義雄訳 9000円

1040 核の脅威　原子力時代についての徹底的考察
G. アンダース／青木隆嘉訳 3400円

1041 基本の色彩語　普遍性と進化について
B. バーリン，P. ケイ／日髙杏子訳 3500円

1042 社会の宗教
N. ルーマン／土方透・森川剛光・渡曾知子・畠中茉莉子訳 5800円

1043 セリーナへの手紙　スピノザ駁論
J. トーランド／三井礼子訳 4600円

1044 真理と正当化　哲学論文集
J. ハーバーマス／三島憲一・大竹弘二・木前利秋・鈴木直訳 4800円

1045 実在論を立て直す
H. ドレイファス，C. テイラー／村田純一監訳 3400円

1046 批評的差異　読むことの現代的修辞に関する試論集
B. ジョンソン／土田知則訳 3400円

1047 インティマシーあるいはインテグリティー
T. カスリス／衣笠正晃訳，高田康成解説 3400円

1048 翻訳そして／あるいはパフォーマティヴ
J. デリダ，豊崎光一／豊崎光一訳，守中高明監修 2000円

1049 犯罪・捜査・メディア　19世紀フランスの治安と文化
D. カリファ／梅澤礼訳 4000円

1050 カンギレムと経験の統一性
X. ロート／田中祐理子訳 4200円

1051 メディアの歴史　ビッグバンからインターネットまで
J. ヘーリッシュ／川島建太郎・津崎正行・林志津江訳 4800円

1052 二人称的観点の倫理学　道徳・尊敬・責任
S. ダーウォル／寺田俊郎・会澤久仁子訳 4600円

叢書・ウニベルシタスより
(表示価格は税別です)

1053 シンボルの理論
N. エリアス／大平章訳 4200円

1054 歴史学の最前線
小田中直樹編訳 3700円

1055 我々みんなが科学の専門家なのか？
H. コリンズ／鈴木俊洋訳 2800円

1056 私たちのなかの私 承認論研究
A. ホネット／日暮・三崎・出口・庄司・宮本訳 4200円

1057 美学講義
G. W. F. ヘーゲル／寄川条路監訳 4600円

1058 自己意識と他性 現象学的探究
D. ザハヴィ／中村拓也訳 4700円

1059 ハイデガー『存在と時間』を読む
S. クリッチリー，R. シュールマン／串田純一訳 4000円

1060 カントの自由論
H. E. アリソン／城戸淳訳 6500円

1061 反教養の理論 大学改革の錯誤
K. P. リースマン／斎藤成夫・齋藤直樹訳 2800円

1062 ラディカル無神論 デリダと生の時間
M. ヘグルンド／吉松覚・島田貴史・松田智裕訳 5500円

1063 ベルクソニズム〈新訳〉
G. ドゥルーズ／檜垣立哉・小林卓也訳 2100円

1064 ヘーゲルとハイチ 普遍史の可能性にむけて
S. バック＝モース／岩崎稔・高橋明史訳 3600円

1065 映画と経験 クラカウアー、ベンヤミン、アドルノ
M. B. ハンセン／竹峰義和・滝浪佑紀訳 6800円

1066 図像の哲学 いかにイメージは意味をつくるか
G. ベーム／塩川千夏・村井則夫訳 5000円

叢書・ウニベルシタスより
(表示価格は税別です)

1067 憲法パトリオティズム
J.-W ミュラー/斎藤一久・田畑真一・小池洋平監訳 2700円

1068 カフカ マイナー文学のために〈新訳〉
G. ドゥルーズ, F. ガタリ/宇野邦一訳 2700円

1069 エリアス回想録
N. エリアス/大平章訳 3400円

1070 リベラルな学びの声
M. オークショット/T. フラー編/野田裕久・中金聡訳 3400円

1071 問いと答え ハイデガーについて
G. フィガール/齋藤・陶久・関口・渡辺監訳 4000円

1072 啓蒙
D. ウートラム/田中秀夫監訳 4300円

1073 うつむく眼 二〇世紀フランス思想における視覚の失墜
M. ジェイ/亀井・神田・青柳・佐藤・小林・田邉訳 6400円

1074 左翼のメランコリー 隠された伝統の力
E. トラヴェルソ/宇京賴三訳 3700円

1075 幸福の形式に関する試論 倫理学研究
M. ゼール/高畑祐人訳 4800円

1077 ベラスケスのキリスト
M. デ・ウナムーノ/執行草舟監訳, 安倍三﨑訳 2700円

1078 アルペイオスの流れ 旅路の果てに〈改訳版〉
R. カイヨワ/金井裕訳 3400円

1079 ボーヴォワール
J. クリステヴァ/栗脇永翔・中村彩訳 2700円

1080 フェリックス・ガタリ 危機の世紀を予見した思想家
G. ジェノスコ/杉村昌昭・松田正貴訳 3500円

1081 生命倫理学 自然と利害関心の間
D. ビルンバッハー/加藤泰史・高畑祐人・中澤武監訳 5600円

叢書・ウニベルシタスより
(表示価格は税別です)

叢書・ウニベルシタスより
（表示価格は税別です）

1111 世界の終わりの後で　黙示録的理性批判
M. フッセル／西山・伊藤・伊藤・横田訳　4500円

1112 中世ヨーロッパの文化
H. クラインシュミット／藤原保明訳　7800円

1113 カオス・領土・芸術　ドゥルーズと大地のフレーミング
E. グロス／檜垣立哉監訳，小倉・佐古・瀧本訳　2600円

1114 自由の哲学　カントの実践理性批判
O. ヘッフェ／品川哲彦・竹山重光・平出喜代恵訳　5200円

1115 世界の他化　ラディカルな美学のために
B. マンチェフ／横田祐美子・井岡詩子訳　3700円

1116 偶発事の存在論　破壊的可塑性についての試論
C. マラブー／鈴木智之訳　2800円

1117 平等をめざす，バブーフの陰謀
F. ブォナローティ／田中正人訳　8200円

1118 帝国の島々　漂着者，食人種，征服幻想
R. ウィーバー＝ハイタワー／本橋哲也訳　4800円

1119 ダーウィン以後の美学　芸術の起源と機能の複合性
W. メニングハウス／伊藤秀一訳　3600円

1120 アウグストゥス　虚像と実像
B. レヴィック／マクリン富佐訳　6300円

1121 普遍的価値を求める　中国現代思想の新潮流
許紀霖／中島隆博・王前・及川淳子・徐行・藤井嘉章訳　3800円

1122 肥満男子の身体表象　アウグスティヌスからベーブ・ルースまで
S. L. ギルマン／小川公代・小澤央訳　3800円

1123 自然と精神／出会いと決断　ある医師の回想
V. v. ヴァイツゼカー／木村敏・丸橋裕監訳　7500円

1124 理性の構成　カント実践哲学の探究
O. オニール／加藤泰史監訳　5400円

叢書・ウニベルシタスより
(表示価格は税別です)

1125 崇高の分析論 カント『判断力批判』についての講義録
J.-F. リオタール/星野太訳 3600円

1126 暴力 手すりなき思考
R. J. バーンスタイン/齋藤元紀監訳 4200円

1127 プルーストとシーニュ〈新訳〉
G. ドゥルーズ/宇野邦一訳 3000円

1128 ミクロ政治学
F. ガタリ, S. ロルニク/杉村昌昭・村澤真保呂訳 5400円

1129 ドレフュス事件 真実と伝説
A. パジェス/吉田典子・高橋愛訳 3400円

1131 哲学の 25 年 体系的な再構成
E. フェルスター/三重野・佐々木・池松・岡崎・岩田訳 5600円

1132 社会主義の理念 現代化の試み
A. ホネット/日暮雅夫・三崎和志訳 3200円

1133 抹消された快楽 クリトリスと思考
C. マラブー/西山雄二・横田祐美子訳 2400円

1134 述語づけと発生 シェリング『諸世界時代』の形而上学
W. ホグレーベ/浅沼光樹・加藤紫苑訳 3200円

1135 資本はすべての人間を嫌悪する
M. ラッツァラート/杉村昌昭訳 3200円

1136 病い、内なる破局
C. マラン/鈴木智之訳 2800円

1137 パスカルと聖アウグスティヌス 上・下
Ph. セリエ/道躰滋穂子訳 13500円

1138 生き方としての哲学
P. アド/小黒和子訳 3000円

1139 イメージは殺すことができるか
M.-J. モンザン/澤田直・黒木秀房訳 2200円